Weil wir alle Ängste haben.

Ich widme dieses Buch allen Menschen die täglich unter Ängsten und Panikattacken leiden und sich wie ich ein Leben voller Unbeschwertheit und Leichtigkeit wünschen. Ich hoffe ich kann hiermit ein klein wenig helfen.

Laurin Gölz

Endlich Angstfrei

40+10 praktische Tipps gegen Ängste und Panikattacken

© 2023 Laurin Gölz

Druck und Distribution im Auftrag von Laurin
Gölz
tredition GmbH, Halenreie 40-44, 22359 Hamburg,
Deutschland

ISBN
Paperback   978-3-384-01223-4
e-Book   978-3-384-01224-1

Weitere Infos unter: www.lauringoelz.com

Inhaltsverzeichnis

Vorwort

Allein im deutschsprachigen Raum, der circa 100 Millionen Menschen umfasst, leidet mehr als jeder Zehnte an einer diagnostizierten Angsterkrankung. Über zwei Millionen dieser Menschen werden von wiederkehrenden Panikattacken heimgesucht. Für die Betroffenen bedeuten diese Ängste oftmals eine drastische Einschränkung ihrer Lebensqualität. In einer sich mit rapider Geschwindigkeit entwickelnden Welt, geprägt von sozialen Medien, wachsendem Erfolgsdruck und einem bisher ungesehen hohem Stresslevel ist es kein Wunder, dass wir Ängste entwickeln und ständig gestresst sind.

Wir sind mit den alltäglichen Notwendigkeiten unseres Lebens so beschäftigt, dass wir die sich langsam einschleichenden Ängste und den sich aufstauenden chronischen Stress gar nicht bemerken. Dazu kommt, dass wichtige Dinge, wie Sport, Hobbys, eine gesunde Ernährung, erholsamer Schlaf, die Pflege unserer Beziehung und Zeit mit Freunden und der Familie so wie andere Aktivitäten, die wir genießen und die uns entspannen, auf der Strecke bleiben.

Wir driften immer weiter in Richtung Stress und Angst. Wenn wir die Früchte unseres Verhaltens, namentlich Symptome wie Angstzustände, Burnout, Depression, Panikattacken und ein ganzes Arsenal an anderen körperlichen Beschwerden zu spüren bekommen, ist dies ein klares Zeichen, dass wir etwas an unserem Lebensstil ändern müssen. Es ist eine Botschaft unseres Körpers, der uns Steine in den Weg legt und uns nicht weiter unterstützt, wenn wir derart unachtsam mit uns und ihm umgehen.

Oft sind es die kleinen Dinge, die wir tun wie, Rituale, Gewohnheiten oder auch unterbewusst angelernte Verhaltensweisen, die einen großen Unterschied für unser psychisches Wohlbefinden bedeuten können.

In diesem Ratgeber will ich dir wissenschaftlich fundierte und einige auf persönlichen Erfahrungen beruhenden Tipps geben, die dir zu einem angstfreien und ausgeglicheneren Lebensgefühl verhelfen sollen. Viele dieser Tipps sind offensichtlich, werden aber trotzdem Tag für Tag ignoriert. Andere sind unkonventionell, aber nicht weniger effektiv. Wichtig ist an dieser Stelle zu sagen:

Jeder Mensch ist individuell und einzigartig. Nicht für jeden von uns funktionieren die gleichen Verhaltensweisen und Gewohnheiten. Finde heraus, was für dich funktioniert, und mache es zum Teil deines Lebens. Viel Spaß beim Lesen!

Meditation

Meditation ist inzwischen als Werkzeug gegen Ängste nicht mehr wegzudenken. Zahlreiche Studien belegen, dass regelmäßige Meditation positive Auswirkungen auf das Angstniveau hat. Bereits wenige Minuten tägliches Praktizieren, kann das eigene Lebensgefühl nachhaltig zum Besseren verändern und vor allem für Menschen mit Angststörungen sehr effektiv sein.

Meditation wird in den unterschiedlichsten Kulturen und Religionen praktiziert und ist schon seit Jahrtausenden dokumentiert. So zahlreich wie die Praktizierenden sind auch die verschiedenen Meditationsformen. Es gibt unterschiedliche Aspekte, welche die positive Wirkung von Meditation auf Ängste erklären.

An erster Stelle fördert sie die Achtsamkeit.
Achtsamkeit kann auch beschrieben werden als das bewusste Gewahrsein des gegenwärtigen Moments. Durch regelmäßiges Meditieren lernt man, seine Gedanken und Gefühle ohne Bewertung oder Festhalten wahrzunehmen. Dies ermöglicht es, Ängste loszulassen und ihnen weniger Macht über das eigene Wohlbefinden zu geben.

Meditation unterstützt den Stressabbau. Ängste und Stress sind vertraute Gefährten. Sie gehen oft Hand in Hand miteinander. Meditation wirkt stressreduzierend, da sie den Körper in einen Zustand der Entspannung versetzt und das Nervensystem beruhigt. Dies kann helfen, körperliche Symptome von Angst zu lindern und resistenter gegen den Stress des Alltags zu werden.

Darüber hinaus bewirkt Meditation nachhaltig kognitive Veränderungen in der Gehirnstruktur der Praktizierenden, oftmals in Form einer Reduzierung der Größe der Amygdala, dem Angstzentrum des Gehirns. Dadurch denkt unser Gehirn automatisch weniger schnell in Richtung Angst und hilft uns ein entspannteres Lebensgefühl zu erlangen.

Durch Meditieren wird es einfacher die eigenen Denkmuster und Überzeugungen bewusst wahrzunehmen. Dies ermöglicht es, negative Gedanken und Ängste zu erkennen und sie positiv zu beeinflussen. Indem man sich auf den gegenwärtigen Moment konzentriert und von störenden Gedanken löst, kann man die Kontrolle über seine Ängste zurückgewinnen.

Dies unterstützt auch die emotionale Regulation. Menschen mit Ängsten können oft von intensiven und überwältigenden Emotionen überflutet werden. Durch regelmäßige Meditation lernt man, Empfindungen besser zu regulieren und sie bewusst zu beobachten, anstatt sich von ihnen mitreißen zu lassen. Während des Meditierens senkt und harmoniert sich ebenfalls der Puls, der Blutdruck sinkt und es entsteht oftmals eine Herz-Gehirn-Kohärenz, bei den meisten als „Flow" Zustand bekannt. Alles in allem ist Meditation meines Erachtens und nach einer Vielzahl von Studien eines der absolut effektivsten Instrumente auf der Reise des Angst-frei Werdens. Eine unbedingte Leseempfehlung von meiner Seite ist hierzu das Werk von Klaus Bernhardt: *Panikattacken und andere Angststörungen loswerden.*

Wer gerne geführte Meditationen macht, die besonders für Anfänger zu empfehlen sind, dem würde ich außerdem die Mady Morrison oder
Joe Dispenza Meditationen empfehlen - zu finden auf YouTube.

Übrigens:
Die Psychologin Elizabeth Hoge, eine Professorin für Psychiatrie an der Georgetown University in Washington, D.C. fand 2017 bei einer Studie mit Menschen, die unter Angst- oder Panikstörungen leiden heraus, dass das von ihr empfohlene 8-wöchtige Meditationsprogramm bei der Linderung der Angst genau so effektiv war, wie bei der Kontrollgruppe die mit Escitalopram, einem angstlösenden Antidepressivum, behandelt wurde. Bei beiden Gruppen sank das Angstniveau um 20 Prozent. Jedoch wies die Meditationsgruppe im Gegensatz zu den anderen Teilnehmern keine unerwünschten Nebenwirkungen auf.

Ausgewogene Ernährung

Eine gesunde, ausgewogene Ernährung ist nicht nur für unseren Magen, die Verdauung und den Schlaf wichtig. Sie kann ebenso eine positive Auswirkung auf Ängste haben. Der Zusammenhang zwischen dem was wir essen und unserem psychischen Wohlbefinden wird immer deutlicher. Mehrere Studien haben gezeigt, dass eine gesunde Ernährung Angstsymptome lindern kann.

Eine ausgewogene Ernährung, die reich an Obst, Gemüse, Vollkornprodukten, magerem Protein und gesunden Fetten ist, versorgt den Körper mit den notwendigen Nährstoffen. Bestimmte Nährstoffe wie Omega-3-Fettsäuren, B-Vitamine, Magnesium und Antioxidantien wurden mit einem verringerten Risiko für Angststörungen in Verbindung gebracht. Unser Darm wird maßgeblich von unserer Ernährung beeinflusst und spielt für viele körperinterne Prozesse eine entscheidende Rolle. Der Darm und das Gehirn sind über die sogenannte Darm-Hirn-Achse eng miteinander verbunden. Eine gesunde Ernährung, die ballaststoffreich ist und probiotische Lebensmittel wie Joghurt oder fermentiertes Gemüse enthält, kann die Darmgesundheit verbessern. Eine intakte Darmflora unterstützt die Produktion von Neurotransmittern, die wiederum Einfluss auf die Stimmung und das Angstniveau haben.

Ein weiterer wichtiger Aspekt der unmittelbar mit unserer Ernährung in Verbindung steht ist der Blutzuckerspiegel. Hohe Blutzuckerwerte können zu Stimmungsschwankungen, Reizbarkeit und Angst führen. Durch den Verzehr von komplexen Kohlenhydraten, gesunden Fetten und ausreichend Protein kann der Blutzuckerspiegel stabil gehalten werden. Auf der anderen Seite sollten stark zuckerhaltige Lebensmittel und besonders kurzkettige Kohlenhydrate wie Weißbrot, Kartoffeln und Jasminreis nur reduziert auf dem Speiseplan stehen. Diese gerade genannten Nahrungsmittel haben einen besonders hohen Wert beim Glykogenen Index und führen wie jede Form von Süßigkeiten und Süßgetränken zu Blutzuckerpeaks und einem generell stark schwankenden Blutzuckerspiegel.

Auch auf die schwarze Liste kommen Nahrungsmittel, welche die ständig stattfindenden Entzündungsprozesse im Körper nähren. Zu diesen zählen, Zucker, Alkohol, Transfette und generell stark verarbeitete Lebensmittel mit Süßstoffen, Geschmacksverstärkern und Konservierungsstoffen. Unterschwellige Entzündungsprozesse im Körper fördern Angststörungen und Angstzustände.

Der Verzehr von entzündungshemmenden Lebensmitteln wie Beeren, grünem Blattgemüse, Nüssen und Fisch ist demnach sinnvoll, um Entzündungen im Körper zu reduzieren und damit auch die Symptome von Ängsten zu lindern.

Insgesamt ist auch der psychologische Effekt einer gesunden Ernährung nicht zu verachten. Die meisten von uns fühlen sich zufriedener, wenn sie sich gut ernähren, dadurch schlanker und sportlicher aussehen und als Nebeneffekt einen besseren Schlaf haben. Allein dieses Gefühl der Zufriedenheit und des Selbstvertrauens tritt der Angst wie ein gegenpoliger Magnet entgegen.

Ich möchte abschließend noch anmerken, dass es die perfekte Ernährung nicht gibt, und so verschieden wir Menschen sind, so unterschiedlich fällt für uns auch die für uns jeweilige ideale Ernährung aus. Ich gebe dir als Leseempfehlung eines meiner Lieblingsbücher mit: *Der Ernährungskompass* von Bastian Kasp. (Auch als Hörbuch bei Audible erhältlich und ein super Begleiter auf langen Autofahrten.)

Dankbarkeit

Das Empfinden von Dankbarkeit ist so ziemlich das genaue Gegenteil zum Gefühl der Angst. Nicht umsonst hat das Thema in den letzten Jahren stark an Popularität gewonnen und ist inzwischen Bestandteil vieler Meditationen und anderer mentaler Praktiken. Ich möchte im Folgenden auf einige Gründe eingehen, warum Dankbarkeit Ängste reduzieren kann und für Menschen mit Angststörungen eine effektive Praxis ist.

Zunächst ist auf hormoneller Ebene festzuhalten, dass tief empfundene Dankbarkeit die Ausschüttung des Hormons Oxytocin bewirkt, das auch als Liebeshormon bekannt ist. Es trägt zur Entspannung bei und ist nachweislich angstlösend.

Dankbarkeit regt uns zum Perspektivenwechsel an. Wenn wir uns auf das konzentrieren, wofür wir dankbar sind, lenken wir unsere Aufmerksamkeit weg von negativen Gedanken und Ängsten. Durch die bewusste Anerkennung und Wertschätzung der positiven Aspekte in unserem Leben können wir unsere Perspektive verschieben und uns auf das Positive fokussieren.

Außerdem erzeugt Dankbarkeit positive Emotionen wie Freude, Zufriedenheit und Gelassenheit. Diese Emotionen mildern Ängste und fördern ein Gefühl der inneren Ruhe und Entspannung. Indem wir uns auf das Gute konzentrieren, können wir positive Gefühle verstärken und negative Emotionen reduzieren.

Dadurch stärken wir ebenfalls gleichzeitig unsere Resilienz, das heißt, unsere Fähigkeit, mit Stress und Herausforderungen umzugehen.

Wenn wir dankbar sind, bringen wir uns in den gegenwärtigen Moment und nehmen die positiven Aspekte unseres Lebens intensiver wahr. Dies hilft dabei, Ängste, die oft in der Zukunft oder Vergangenheit wurzeln, zu reduzieren.

Die Praxis der Dankbarkeit kann auf verschiedene Weisen umgesetzt werden, wie beispielsweise dem Führen eines Dankbarkeitstagebuchs, das Ausdrücken von Dankbarkeit gegenüber anderen Menschen oder das bewusste Innehalten, um dankbar für die kleinen Dinge im Leben zu sein. Welche Art von Dankbarkeit für dich funktioniert, musst du selbst herausfinden. Probiere es aus und tausche dich mit anderen Praktizierenden aus. Am Ende behalte im Kopf, wie außergewöhnlich es ist, dass wir beide gerade zu diesem Zeitpunkt am Leben sein und all die unglaublichen Dinge erfahren dürfen, die unsere Welt zu bieten hat. Allein das ist, wie ich finde schon ein Grund, danke zu sagen.

Guter Schlaf

Es ist für uns die natürlichste Sache der Welt. Wir schlafen abends ein und wachen am nächsten Morgen wieder auf. Was dazwischen geschieht, nehmen wir zum größten Teil nicht bewusst wahr. Doch genau daraus ist heute eine eigene Wissenschaft mit mehreren Berufsfeldern entstanden.

Alle Welt strebt nach besserem Schlaf. Wir kaufen uns spezielle Betten, Matratzen, installieren Apps, um unseren Schlaf zu überwachen, besuchen Schlaflabore, passen die Frequenz unserer Mahlzeiten an, legen energetische Steine auf unsere Nachttische und lassen uns von speziellen Tageslichtlampen wecken.

So fraglich manche dieser Taktiken erscheinen, ist eines nicht zu leugnen. Schlaf ist wichtig, ja sogar überlebenswichtig. Er ermöglicht es unserem Körper, seine Barrieren neu aufzuladen, Schäden zu reparieren und unserem Gehirn sich zu entwickeln.

Doch wie wirkt sich Schlaf auf unsere Ängste aus? Im Folgenden nenne ich nur einige von vielen Fakten in Bezug auf Ängste, die mit dem Schlaf in enger Korrelation stehen.

Schlaf spielt eine entscheidende Rolle bei der Regulation von Stresshormonen wie Cortisol.

Ausreichender Schlaf ermöglicht es dem Körper, sich zu erholen und Stress abzubauen, was sich positiv auf die Reduzierung von Ängsten auswirkt. Eine gute Nachtruhe unterstützt die Stressbewältigung des Körpers, stärkt die emotionale Stabilität und hilft dabei, ängstliche Gedanken und Gefühle zu mildern.

Schlafmangel auf der anderen Seite kann zu einer erhöhten emotionalen Reaktivität führen und die Fähigkeit beeinträchtigen, mit Stress umzugehen, was das Angstempfinden verstärkt.

Erholsamer Schlaf gibt dem Gehirn die Möglichkeit, sich zu regenerieren und Emotionen angemessen zu regulieren.

Schlafen hat auch einen starken Einfluss auf kognitive Funktionen wie Aufmerksamkeit, Konzentration und Entscheidungsfindung. Wenn wir unserem Körper ausreichend Schlaf geben, ermöglicht dies dem Gehirn, optimal zu funktionieren und die Fähigkeit zur rationalen Bewertung von Ängsten zu verbessern. Eine bessere kognitive Funktion trägt dazu bei, Ängste zu reduzieren und eine gesunde Denkweise aufrechtzuerhalten.

Ein weiterer wichtiger Faktor, auf den Schlaf eine große Auswirkung hat, ist das Immunsystem. Wie gut wir schlafen, spielt bei der Stärkung des Immunsystems eine wichtige Rolle. Ein geschwächtes Immunsystem kann zu einem erhöhten Stressniveau und einer erhöhten Anfälligkeit für Ängste führen.

Je erholter wir sind, desto besser funktionieren die Immunfunktion des Körpers und unsere Widerstandsfähigkeit gegen externe Stressoren.

Zusammenfassend ist guter Schlaf ein grundlegender Bestandteil für das Wohl- und Angstempfinden. Wenn wir uns ausgeruht fühlen, sind wir besser in der Lage, mit den Herausforderungen des Alltags umzugehen und Ängste zu bewältigen. Schlafmangel hingegen kann die Angstgefühle verstärken und das Risiko für psychische Belastungen erhöhen. Es ist wichtig, auf eine regelmäßige Schlafroutine zu achten und gute Schlafgewohnheiten zu pflegen, um die positiven Auswirkungen von Schlaf auf Ängste zu maximieren. Indem wir unserem Körper die benötigte Erholung geben, können wir unsere psychische Gesundheit stärken und Angststörungen effektiv bewältigen. Die Anzahl der Schlaf-Stunden die ideal sind, variieren von Mensch zu Mensch, so auch die Bedingungen, unter denen wir schlafen.

Übrigens:
Laut einer 2019 veröffentlichten Studie der US-kalifornischen UC Berkeley kann Schlafmangel innere Unruhe und Angstanfälligkeit um bis zu 30 Prozent begünstigen. Es lohnt sich also den eigenen Schlaf an oberste Stelle zu setzen.

Kalte Duschen

Sie kennen es wahrscheinlich von Profisportlern oder dem Besuch in der Sauna - das Eisbad oder alternativ die kalte Dusche. Früher vor allem von diesen Gruppen praktiziert, ist es heute absolut Mainstream und man hört überall davon. Doch wie kann Kälte unsere Ängste positiv beeinflussen?

Kalte Duschen tragen dazu bei, das Nervensystem zu beruhigen und Stress abzubauen. Sie wirken wie eine Art Schocktherapie für den Körper und helfen dabei, das sympathische Nervensystem, das für die Stressreaktion verantwortlich ist, zu modulieren. Dies führt zu einer Reduzierung von Angstsymptomen wie erhöhter Herzfrequenz und Atemnot. Darüber hinaus können kalte Duschen die Produktion von Endorphinen, den sogenannten Glückshormonen, stimulieren. Diese fördern eine positive Stimmung und ein Gefühl der Entspannung.

Indem wir uns freiwillig in unkomfortable Situationen begeben, steigern wir unsere Resilienz und lernen, besser mit Dis-Komfort umzugehen. Die Kälte wirkt wie ein kleiner Resett und ist, wie Studien belegen, ein effektives Werkzeug gegen Ängste und Depressionen. Darüber hinaus haben Eisbäder und kalte Duschen eine positive Wirkung auf unser Immunsystem und fördern die Durchblutung.

Es ist jedoch wichtig, die individuellen Bedürfnisse und Vorlieben zu berücksichtigen und die Wassertemperatur entsprechend anzupassen.

Tipp: Starte langsam und übernimm dich nicht. Ein guter Einstieg sind Wechselduschen. Nach der eigentlichen, warmen Dusche dreht man den Temperaturregler etwas in die blaue Richtung und macht sich für 30 Sekunden mit dem kalten Wasser vertraut. Von dort an steigert man sich nach Belieben. Es ist deutlich motivierender als direkt kreischend aus der acht Grad kalten Dusche zu rennen und das Vorhaben dauerhaft auf Eis zu legen.

Übrigens:
All diese positiven Effekte belegte der Forscher Shevchuk im Jahr 2008. Er stelle in seiner Studie fest, dass eine kalte Dusche einen anti-depressiven und schmerzlindernden Effekt hat. Endorphine werden verstärkt gebildet und eine überwältigende Menge sensibler Informationen aus der Haut zum Gehirn geschickt. Die verstärkte Wahrnehmung der Hautempfindung sorgt dafür, dass wir raus aus dem Kopf, in den Körper kommen. Zusätzlich wird der Sympathikus aktiviert und das gesamte Adrenalin- /Noradrenalin-System durchgeschüttelt und durchgespült. Einen ähnlichen Effekt könnte man durch Bungee-Jumping oder Springen aus dem Flugzeug erreichen.

Musik

Musik kann eine positive Wirkung auf Ängste haben und eine natürliche Quelle der Entspannung und des Trostes bieten. Sie hat die Fähigkeit, Emotionen zu beeinflussen, den Geist zu beruhigen, Stresshormone im Körper zu reduzieren und das autonome Nervensystem zu beruhigen.

Musik dient zudem als Ablenkung von ängstlichen Gedanken und Sorgen. Durch das Zuhören und Eintauchen in die Melodien kann der Geist vom Alltagsstress abgelenkt werden und sich auf die Klänge konzentrieren. Dies führt bei vielen Menschen zu einer vorübergehenden Linderung ihrer Ängste.

Die richtige Musik hat die Kraft, positive Emotionen wie Freude, Glück und Gelassenheit zu fördern. Durch das Hören von Musik, die Freude bereitet und positive Erinnerungen hervorruft, kann man eine optimistische Stimmung entwickeln und von ängstlichen Gedanken Abstand nehmen.

Es ist wichtig zu beachten, dass jeder Mensch individuelle Vorlieben und Geschmäcker in Bezug auf Musik hat. Daher ist es ratsam, Musik auszuwählen, die persönlich als angenehm und entspannend empfunden wird. Jeder kann seine eigene Playlist erstellen, die speziell auf die individuellen Bedürfnisse und Vorlieben zugeschnitten ist, um die positive Wirkung von Musik auf Ängste zu nutzen.

Meiner Erfahrung nach ist es gegen Ängste am effektivsten sanfte und langsamere Musik mit wenig Text zu hören, die du als besonders entspannend empfindest. Ich persönlich mag die *Herr der Ringe* - und Hans Zimmer Instrumentals sehr gerne.

Lachen

Herzhaftes Lachen hat aktuellen Studien zufolge eine positive Auswirkung auf Ängste und trägt zur Linderung von stressbedingten Symptomen bei. Beim Lachen werden Endorphine freigesetzt, die das Glücksgefühl steigern und Stress reduzieren. Es wirkt entspannend auf den Körper und beruhigt das Nervensystem. Lachen fördert auch die soziale Interaktion und den Aufbau von Beziehungen, was wiederum das Gefühl von Verbundenheit und Unterstützung verstärkt.

Darüber hinaus können humorvolles Denken und eine positive Einstellung zu einer optimistischen Sichtweise beitragen, Ängste mildern und das allgemeine Wohlbefinden verbessern. Es ist wichtig, Momente des Lachens in den Alltag einzubauen, sei es durch lustige Aktivitäten, humorvolle Unterhaltung oder den Austausch mit fröhlichen Menschen.

Mein persönlicher Lieblingstipp: Gönn dir am Wochenende eine gute Komödie, am besten in guter Gesellschaft. Du wirst verblüfft sein.

Übrigens:
Eine große japanische Beobachtungsstudie mit mehr als 17.000 Teilnehmern fand heraus, dass Menschen, die viel lachen, länger und glücklicher leben und ein geringeres Risiko für Herz-Kreislauf-

Erkrankungen so wie Angststörungen aufweisen. Ebenso bestätigt eine Studie aus den 1990er-Jahren in der man Menschen lustige Filme schauen ließ und anschließend Blutproben entnahm, dass durch das viele Lachen die Anzahl und Aktivität von Antikörpern und Immunzellen erhöht wird.

Es lohnt sich also demnach das eigene Leben so witzig und leicht wie möglich zu gestalten.

Omega 3

Auch aus der Ernährungswissenschaft gibt es einen nützlichen Tipp. Es geht hierbei um die Omega-3-Fettsäuren.
Omega-3-Fettsäuren, insbesondere Eicosapentaensäure (EPA) und Docosahexaensäure (DHA), haben eine positive Wirkung auf Ängste. Sie besitzen entzündungshemmende Eigenschaften. Chronische Entzündungen im Körper werden mit einem erhöhten Risiko für psychische Erkrankungen wie Angststörungen in Verbindung gebracht. Durch die Reduzierung von Entzündungen im Gehirn können Omega-3-Fettsäuren dazu beitragen, Ängste zu verringern.
Sie spielen außerdem eine wichtige Rolle bei der Regulation von Neurotransmittern im Gehirn, wie z.B. Serotonin. Ein Ungleichgewicht von Neurotransmittern kann zu Stimmungsstörungen und Angstzuständen führen. Durch die Aufrechterhaltung eines Gleichgewichts der Neurotransmitter können Omega-3-Fettsäuren zu einer gesunden Psyche beitragen.

Darüber hinaus unterstützen sie den Stressabbau und verbessern die Gehirnfunktion. Studien haben gezeigt, dass Omega-3-Fettsäuren dazu beitragen können, die Freisetzung von Stresshormonen wie Cortisol zu reduzieren. Ein niedrigerer Cortisolspiegel im Körper wirkt sich ebenfalls positiv auf unser

Angstempfinden aus. Eine ausreichende Versorgung mit Omega-3-Fettsäuren verbessert so die kognitive Leistungsfähigkeit und stabilisiert im Idealfall die Stimmung. Ein gesundes Gehirn ist besser in der Lage, mit Angstzuständen umzugehen und diese zu bewältigen.

Es ist wichtig anzumerken, dass Omega-3-Fettsäuren als wichtiger Teil einer gewünschten Ernährung und eines gesunden Lebensstils betrachtet werden sollten. Die Einnahme von Nahrungsergänzungsmitteln sollte in Absprache mit einem Arzt erfolgen. Eine ausgewogene Ernährung mit Lebensmitteln, die reich an Omega- 3-Fettsäuren sind, wie Fisch (z.B. Lachs, Makrele, Sardinen), Leinsamen, Chiasamen und Walnüsse, ist eine gute Möglichkeit, die Vorteile von Omega-3- Fettsäuren für die Angstbewältigung zu nutzen. Sprich mit deinem Arzt/ Heilpraktiker/ Apotheker oder Ernährungsberater und probiere aus, was für dich funktioniert.

CBD

CBD-Öl, das aus der Cannabispflanze gewonnen wird, hat eine zunehmende Popularität als mögliche Behandlungsoption bei Ängsten und zur Entspannung gewonnen. Man sieht Präparate inzwischen sogar in Discountern an der Kasse. Bei Sportlern ist es beliebt, da ihm regenerationsfördernde Eigenschaften zugesprochen werden. Es ist lange kein Nischenprodukt mehr und im Mainstream angekommen.
Im Folgenden werde ich auf die Gründe eingehen, wieso CBD-Öl bei Ängsten helfen kann.

CBD interagiert mit dem Endocannabinoid-System im Körper, das eine Rolle bei der Regulierung von Stimmung, Schlaf, Appetit und Stressreaktionen spielt. Durch die Beeinflussung dieses Systems kann CBD dazu beitragen, Ängste zu reduzieren.

Ihm wird außerdem eine beruhigende Wirkung auf das Nervensystem zugeschrieben und es trägt dadurch dazu bei, die Aktivität des sympathischen Nervensystems zu verringern, das für die körperlichen Symptome von Angst verantwortlich ist, wie z.B. erhöhter Herzschlag und Zittern.
CBD kann darüber hinaus die Serotonin-Rezeptoren im Gehirn beeinflussen. Serotonin ist ein Neurotransmitter, der eine wichtige Rolle bei der Regulierung von Stimmung und emotionaler Gesundheit spielt. Eine Dysfunktion im Serotoninsystem führt

in manchen Fällen zu Angststörungen. CBD kann die Verfügbarkeit von Serotonin im Gehirn erhöhen und so dazu beitragen, Ängste vorzubeugen.

Final sind noch die entzündungshemmenden Eigenschaften zu nennen, die bei der Verringerung von Entzündungen im Körper helfen können. Chronische Entzündungen werden mit einem erhöhten Risiko für Angststörungen in Verbindung gebracht.

Es ist wichtig zu beachten, dass die Wirkung von CBD-Öl bei Ängsten von Person zu Person unterschiedlich sein kann. Zudem sollte die Verwendung von CBD-Öl in Absprache mit einem Arzt erfolgen, um mögliche Wechselwirkungen mit anderen Medikamenten zu berücksichtigen. Es ist auch ratsam, qualitativ hochwertige CBD-Produkte von vertrauenswürdigen Herstellern zu beziehen, um die bestmöglichen Ergebnisse zu erzielen.

Tipp: Genieße die Einnahme. Tröpfle ein paar Tropfen unter die Zunge und schmecke, wie sich der einzigartige Geschmack im Mund ausbreitet. Vor allem zu Meditationen mag ich persönlich das „grüne Gold" besonders.

Sonne

Sie geht täglich auf und wieder unter. Wir nehmen sie als das Selbstverständlichste der Welt an. Dabei ist sie Grund für das Leben auf der Erde und das Zentrum unseres Sonnensystems.
Doch wie hilft die Sonneneinstrahlung, ängstliche Gefühle zu verringern?

Zum einen ist das Sonnenlicht eine wichtige Quelle für die Produktion von Vitamin D im Körper. Vitamin D spielt eine große Rolle bei der Regulierung von Stimmung und psychischem Wohlbefinden. Ein Mangel an Vitamin D wird mit einem erhöhten Risiko für Angststörungen in Verbindung gebracht. Zeit in der Sonne zu verbringen, erhöht den Vitamin-D-Spiegel und verbessert außerdem die Stimmung.

Das zweite Stichwort lautet Serotonin. Sonnenlicht steigert in der Regel die Produktion von Serotonin, einem Neurotransmitter, der als „Glückshormon" bekannt ist. Serotonin spielt eine wichtige Rolle bei der Regulierung von Stimmung und Gefühlen. Eine erhöhte Serotoninaktivität kann zu einem verbesserten emotionalen Zustand führen und Ängste reduzieren.

Zeit im Sonnenlicht zu verbringen ist für die meisten Menschen außerdem generell sehr entspannend. Das Gefühl von Wärme und Helligkeit löst in uns ein angenehmes Gefühl aus. Dies wirkt sich positiv auf unser Angstempfinden aus und macht es uns leichter, sich auf die positiven Dinge im Leben zu fokussieren.

Außerdem lädt sonniges Wetter dazu ein, nach draußen zu gehen und Zeit in der Natur zu verbringen. Die Natur selbst hat positive Auswirkungen auf die psychische Gesundheit.
Es ist wichtig, die Sonne in Maßen zu genießen und gleichzeitig auf ausreichenden Sonnenschutz zu achten, um die schädlichen Konsequenzen von übermäßiger Sonneneinstrahlung zu vermeiden.

Jeder Mensch reagiert individuell auf Sonnenlicht. Daher ist es ratsam, auf die eigenen Bedürfnisse und Toleranzgrenzen zu achten.

Dennoch, die Augen zu schließen und die Wärme der Sonne auf dem Körper zu spüren, ist für mich persönlich eine der entspannendsten Ruhepausen im Alltag, die ich mir vorstellen kann.

Therapiedecke / Gewichtsdecke

Eine Therapiedecke, auch Gewichtsdecke genannt, ist eine ganz normale Schlafdecke, mit dem Unterschied, dass sie deutlich schwerer ist als herkömmliche Decken. Sie wiegen in der Regel zwischen sechs bis zehn Kilogramm.

Vor allem bei Menschen mit Schlafproblemen und Angststörungen kommen diese Therapiedecken vermehrt zum Einsatz. Die schwere Decke vermittelt ein Gefühl der Geborgenheit und fördert einen ruhigen Schlaf. Ich würde es auf eine merkwürdige Art und Weise mit der Umarmung eines vertrauten Menschen vergleichen.

Ein angemessenes Gewicht kann außerdem den Körper besser spürbar machen, die Wahrnehmung intensivieren und das Gefühl, im Hier und Jetzt zu sein, steigern.

Dies hilft dem Körper schneller herunterzufahren und in den Ruhemodus zu gelangen. Das Gewicht wirkt auf die Muskeln, Sehnen und Gelenke, sodass der Körper in einen Entspannungszustand gelangen kann. Dafür verantwortlich sind das Glückshormon Serotonin und das Schlafhormon Melatonin, deren Ausschüttung beim Auflegen der Gewichtsdecke gefördert und ins Gleichgewicht gebracht werden. Zudem wird durch den Druck der Decke auf den Körper der Cortisolspiegel gesenkt. Die Muskeln und das Nervensystem entspannen sich, dies wirkt dem Angstgefühl entgegen und der Körper kann sich insgesamt leichter von angestautem Stress und Anspannungen erholen. Gewichtsdecken gibt es preislich bereits ab circa sechzig Euro.

Altruismus

Es erscheint erst einmal wenig hilfreich, etwas für andere zu tun, um sein eigenes Gefühl zu verbessern. Vor allem, wenn man unter wiederkehrenden Ängsten leidet und sehr auf sich und sein Innenleben fokussiert ist.

Doch Studien belegen unzweifelhaft, wie effektiv Altruismus für unsere innere Zufriedenheit ist. Etwas für andere zu tun, lässt uns nicht nur besser fühlen. Es setzt eine ganze Reihe an Mechanismen in Bewegung.

Wenn wir altruistisch handeln, lenken wir unsere Aufmerksamkeit von unseren eigenen Ängsten und Sorgen ab und konzentrieren uns auf die Bedürfnisse und das Wohlergehen anderer Menschen. Dieser Fokus auf andere trägt dazu bei, dass wir unsere Probleme relativieren und unsere Ängste in den Hintergrund treten.

Es gibt uns darüber hinaus das Gefühl, einen positiven Beitrag zur Welt zu leisten und anderen Menschen zu helfen. Wenn wir merken, dass unser Handeln einen wirklichen Zweck hat und anderen Menschen zugutekommt, kann dies ein Gefühl der Erfüllung und des Glücks erzeugen. Dieser Sinn und Zweck können uns dabei helfen, uns weniger auf unsere eigenen Ängste zu konzentrieren.

Außerdem ermöglicht es uns, soziale Verbindungen aufzubauen und mit anderen Menschen in Kontakt zu treten. Das Gefühl der Verbundenheit und Unterstützung, dass wir durch diese Verbindungen erhalten, reduziert unsere Angst. Die Unterstützung anderer zu erleben und anderen zu helfen, gibt uns das Gefühl, dass wir nicht allein sind und auf andere zählen können, wenn wir Unterstützung brauchen. Altruistisch zu handeln, erzeugt so positive Emotionen wie Freude, Dankbarkeit und Zufriedenheit. Diese positiven Emotionen stellen einen Kontrast zum Angstgefühl dar und helfen uns kurz- und langfristig besser mit unseren Sorgen und Ängsten umzugehen.

Praxistipp:
Tu einmal am Tag etwas für jemand anderen, egal wie klein die Geste auch sein mag, und achte dabei auf dein Gefühl. Mir hilft oft schon ein nettes Lächeln gegenüber der Kassiererin oder einem zufällig an mir vorbeikommenden Spaziergänger, um mich innerlich ein wenig schöner zu fühlen.

Natur

Zeit in der Natur zu verbringen, fördert eine Reihe von positiven Eigenschaften, die dazu beitragen können, Ängste zu verbessern. Die Natur bietet uns einen wertvollen Raum zur Entspannung und zum Rückzug von den Herausforderungen des Alltags. In einer natürlichen Umgebung können wir uns von der Hektik des städtischen Lebens abkoppeln und eine ruhige, beruhigende Atmosphäre genießen. Dieses Umfeld kann uns helfen, innere Ruhe zu finden.

Eine der positiven Eigenschaften der Zeit in der Natur ist die Möglichkeit, sich mit der natürlichen Welt zu verbinden. Die Natur bietet uns eine Fülle von Sinneserfahrungen. Sei es der Anblick majestätischer Berge, das Rauschen eines Flusses, das Zwitschern der Vögel oder der Duft von Blumen. Diese sensorischen Reize können unsere Sinne beleben und uns in den Moment eintauchen lassen. Durch diese Verbindung mit der Natur können wir unsere Ängste vorübergehend in den Hintergrund stellen und uns auf die Schönheit und Harmonie der natürlichen Umgebung konzentrieren.

Ein weiterer positiver Aspekt des Draußen seins ist die Möglichkeit zur körperlichen Aktivität. Spaziergänge, Wanderungen, Sport oder andere Aktivitäten im Freien ermöglichen es uns, uns zu bewegen und aktiv zu sein. Körperliche Bewegung hat nachgewiesenermaßen positive Auswirkungen auf die psychische Gesundheit, da sie die Freisetzung von Endorphinen, den sogenannten „Glückshormonen", fördert und Stresshormone reduziert.

Schließlich bietet die Zeit Draußen die Möglichkeit, soziale Bindungen zu stärken oder neue Kontakte zu knüpfen. Ob wir allein die Natur erkunden oder uns mit anderen Menschen in einem Park oder auf einem Wanderweg treffen, soziale Interaktionen in einer natürlichen Umgebung können unser Wohlbefinden steigern. Der Austausch von Erfahrungen, das Teilen von Freude und das Gefühl der Verbundenheit sind ein effektives Werkzeug gegen Ängste.

Tipp: Gönne dir täglich mindestens 15, idealerweise 30 Minuten in der Natur. Du wirst erstaunt sein, wie viel besser du dich danach fühlst.

Multitasking reduzieren

Du kennst bestimmt auch Menschen, die sich damit preisen, dass sie besonders gut im Multitasking sind. Also dem Erledigen von mehreren Dingen zur gleichen Zeit oder dem Folgen von verschiedenen Reizquellen, die Aufmerksamkeit erfordern. Beim Multitasking versucht der Praktizierende in der Regel seine Aufmerksamkeit auf mehrere Aktivitäten/ Medien zu verteilen, um so eine größere Produktivität zu erlangen.

Ohne große Umschweife kann ich dir an dieser Stelle die Illusion nehmen Multitasking sei überhaupt möglich, geschweige denn produktiver oder schneller. Es ist genau das Gegenteil und obendrein noch ungesund. Im Zeitalter der sozialen Medien sind wir mehr Reizen denn je ausgesetzt. Überall lauern verlockende Ablenkungen in Form von unseren Handys, Computern und TVs. Die Folge davon ist, dass unsere Aufmerksamkeitsspanne im Vergleich zu einigen Jahrzehnten zuvor erheblich geschrumpft ist. Multitasking, um unserem Serotoninhaushalt Nachschub zu liefern, ist die Folge davon. Jedoch zeigen die aktuellen Studien zu diesem Thema eindeutig, wie fatal Multitasking für uns auf den unterschiedlichsten Ebenen ist. Es vermindert unsere Produktivität, verlangsamt unser Arbeitstempo, macht uns anfälliger für Fehler beim Arbeiten und erhöht unser Stresslevel in starkem Maß.

Wir bekommen zwar das Gefühl, dass wir mehr in kürzerer Zeit erledigen, doch das genaue Gegenteil ist der Fall. Gerade für Menschen mit Angststörungen ist der zusätzliche Stress, der aus dem hektischen Verhalten resultiert, fatal.

Er erhöht den ohnehin schon durch die Angst bedingten hohen Stresslevel und verschlimmert die Symptome noch weiter. Vermeide also,- so gut es geht, diesen zusätzlichen schädigenden und bewiesen unnötigen, unproduktiven Stress. Schalte das Handy auf Flugmodus, während du dich auf eine Aufgabe konzentrierst, und vermeide jegliche Ablenkung, vor allem in Form von elektrischen Geräten oder Social Media. Du wirst merken, wie viel zufriedener, ruhiger und produktiver du bist, wenn du deine Aufmerksamkeit ungeteilt einer Aufgabe widmest – egal ob Arbeiten, Lesen, Lernen, Gespräche, das Schauen eines Filmes oder Sport. Das Stellen eines Timers und lernen in Zeitblöcken mit Pausen nach jeden 45, 60 oder 90 Minuten beispielsweise sind beliebte Methoden, um ein hohes Konzentrationsniveau zu gewährleisten.

Die richtigen Hobbys

Auch die Wahl der „richtigen" Hobbys spielt für Menschen mit verstärktem Angstempfinden eine große Rolle. Wir alle haben unterschiedliche Vorlieben, denen wir in unserer Freizeit nachgehen. Doch manche sind für Menschen mit Angststörungen besser geeignet als andere. Generell gesprochen sind ruhigere Aktivitäten förderlicher als adrenalingeladene. So gerne wir Spiele auf dem Computer oder der Konsole spielen – ja, ich gehöre auch dazu –, ist vor allem bei sehr schnellen Spielen mit viel Action Vorsicht geboten. Es fühlt sich im Moment gut an, das Adrenalin und Dopamin durch unsere Adern und das Gehirn rauschen zu spüren. Doch vor allem bei längeren Spielzeiten bedeutet es für unseren Körper puren Stress. Ich sage nicht, dass du nie mehr dein liebstes PC- oder Playstation-Spiel genießen sollst. Doch tu es mit Bedacht und bewusst. Setze dir zeitliche Limits und achte auf Abwechslung bei der Wahl deiner Freizeitaktivitäten. Auf Ängste bezogen eignen sich entspannende Tätigkeiten wie Lesen, Spazieren, Sport, Freunde treffen, Kochen, Malen, Podcasts, gute Filme oder Instrumente spielen besser als aufregende und stressige Aktivitäten. Achte wie bei allem auf Balance und hab Spaß.

Übrigens:

In einer 2020 von der Grossman School of Medicine durchgeführten Studie wurde die Effektivität von Yoga bei generalisierter Angststörung bewiesen. Von den 230 Teilnehmern berichteten 54,2 Prozent von einer signifikanten Verbesserung ihrer Angstsymptome nach der Teilnahme an einem 12- wöchigen Yoga-Kurs. Im Vergleich dazu berichteten nur 33 Prozent der Teilnehmer, die in der Kontrollgruppe waren und eine kognitive Verhaltenstherapie erhielten, von vergleichbaren Verbesserungen. Ein Besuch in deinem lokalen Yoga-Studio kann sich also durchaus auszahlen.

Nährstoffversorgung

Eine Versorgung mit genügend und den richtigen Nährstoffen ist bei Angststörungen sehr wichtig, weil bestimmte Nährstoffe eine entscheidende Rolle bei der Regulation von Stimmung, Stressreaktion und neurologischen Prozessen im Körper spielen. Bestimmte Nährstoffe wie Aminosäuren, Vitamin B6, Magnesium und Zink sind besonders für die Produktion und Regulierung von Neurotransmittern wie Serotonin, Dopamin und Gaba wichtig. Diese beeinflussen einige für Ängste sehr entscheidende Körperfunktionen, wie z.B. die Stimmung, den Schlaf und die Stressreaktion im Körper.

Eine weitere wichtige Wirkung besonders von Omega-3-Fettsäuren und Vitaminen sind die entzündungshemmenden Eigenschaften. Entzündungen im Körper können laut aktuellen Studien mit einem erhöhten Risiko für psychische Störungen wie Angstzuständen zusammenhängen. Eine Ernährung oder die Nahrungsergänzung mit Omega-3 Präparaten kann beitragen, Entzündungen zu reduzieren und Angstsymptome zu verbessern.

Nicht zu vergessen ist an dieser Stelle auch die Gruppe der Mikronährstoffe und Antioxidantien wie Vitamine und Mineralstoffe. Diese spielen eine wichtige Rolle bei der Aufrechterhaltung einer gesunden Gehirnfunktion und dem Schutz des Körpers vor oxidativem Stress. Ein Mangel an essenziellen Mikronährstoffen kann zu Symptomen wie Angst und Depression führen. Eine ausgewogene Ernährung, die reich an Obst, Gemüse und Vollkornprodukten ist, liefert für den Körper wichtige Mikronährstoffe und Antioxidantien.

Kontrolliere dich und deine Ernährung. Checke deine Blutwerte und besprich mit deinem Arzt, wie eine ideale Einstellung von Nahrungsergänzungsmitteln aussehen kann.

Hier gilt wie immer auch: Jeder Körper ist individuell und wir alle haben einen unterschiedlichen Bedarf an Nährstoffen.

Tipp: Vereinbare mit deinem Hausarzt oder Heilpraktiker einen Termin zur Blutabnahme für ein großes Blutbild. Solltest du einen Nährstoffmangel bei den genannten Nährstoffen haben, ist dies womöglich ein Faktor, der deine Ängste unterstützt. Mit der richtigen Supplementierung können diese Mangelzustände aufgehoben werden.

Übrigens:
Mehrere Studien haben bewiesen, dass vor allem Menschen mit Mängeln von B-Vitaminen, Vitamin D3, Zink und Magnesium vermehrt von Angststörungen und Panikattacken betroffen sind. Es lohnt sich also, vor allem diese Werte zu kontrollieren und gegebenenfalls mit Supplementen zu ergänzen.

Die richtigen Beziehungen

Unsere zwischenmenschlichen Beziehungen im Allgemeinen und besonders intime und familiäre Beziehungen sind für die meisten Menschen die wich-
tigste Quelle, aus der sie ihre Energie und Lebens-
freunde ziehen. Es wird oft kritisch unterschätzt, wie
wichtig ein intaktes Netzwerk aus Familie, Freunden
und einem Partner für uns ist. Auf der anderen Seite
können toxische, ungesunde Beziehungen der
Grund für die Entwicklung von Ängsten und letzt-
lich sogar Panikattacken oder Depressionen sein.
Darum gilt: Wähle deine Freunde sorgfältig und deinen Partner noch sorgfältiger aus. Gerade weil diese
einen so enorm großen Einfluss auf unser Lebensgefühl haben, ist es wichtig, wohlwollende und unterstützende Menschen an seiner Seite zu haben.

Dies gilt auch für Familienmitglieder und Ver-
wandte. Toxische Personen und Energievampire im
Leben können uns mehr kosten, als du dir vorstellen
kannst. Ich kenne selbst in meinem kleinen Bekanntenkreis mehrere Personen, deren Ängste und Panikattacken mit dem Ende einer toxischen Beziehung
oder der Konfrontation und Aussprache mit einem
Familienmitglied schlagartig verebbt sind. Prüfe
also genau, wen du wie weit in dein Leben lässt, und
zögere nicht, weniger Zeit mit Menschen, bei denen
du ein schlechtes Gefühl hast und mehr Zeit mit
Menschen, die dir guttun, zu verbringen.

Tipp: Höre auf dein Bauchgefühl. Unser Körper sagt uns meistens ganz von allein, wer für uns gut ist. Und sei in dieser Hinsicht egoistisch. Ein falsches Gefühl von Verpflichtung bringt oft eine enorme Schwere mit sich. Ich persönlich achte besonders nach dem Treffen mit einem Menschen auf mein Gefühl am Abend, wenn ich im Bett liege. Dort kann ich in Ruhe am besten reflektieren.

Massagen

Sei es eine klassische Massage, Thai, Hot Stone, Öl oder eine der zahlreichen anderen Massageformen, – Die meisten von uns genießen eine gute Massage von Zeit zu Zeit. Hier eine weitere gute Nachricht. – Massagen lösen nicht nur Verspannungen. Sie können auch eine tolle Unterstützung zur Angsttherapie sein. Hierfür gibt es nachweislich mehrere Gründe. Als erstes ist hier die Ausschüttung von angstlösenden Hormonen wie Oxytocin und Serotonin zu nennen. Menschliche Berührungen auf unserer Haut veranlassen den Körper Oxytocin, umgangssprachlich auch das Liebeshormon genannt, auszuschütten. Oxytocin ist nachgewiesen angstlösend und steigert unser gesamtes Wohlbefinden. Dabei ist es nicht unbedingt notwendig, dass wir von einer bekannten Person wie unserem Partner berührt werden. Auch eine gute Massage von einer fremden Person bewirkt diesen Körpervorgang, wenn du dich dabei entspannen kannst.

Massagen verbessern darüber hinaus unseren Schlaf. Da gerade bei Menschen mit Angststörungen die Ängste den Schlaf negativ beeinflussen und zu Schlafstörungen führen können, ist es wichtig, möglichst entspannt zu sein. Eine Massage kann dazu beitragen. Vor allem, wenn sie abends angewandt wird. Angststörungen gehen außerdem oft mit körperlichen Symptomen wie Muskelverspannungen, erhöhten Herzschlag, falscher Atmung und erhöhtem Blutdruck einher. Massagen können dazu beitragen, diese Symptome zu lindern, indem sie die Durchblutung verbessern, die Muskelspannung reduzieren und die Atmung regulieren. Sie fördern außerdem die körperliche und mentale Entspannung. Durch die gezielte Manipulation von Muskeln und Gewebe können muskuläre Verspannungen gelöst werden, was dabei helfen kann, den Stresspegel zu senken und das Körpergefühl zu verbessern.

Tipp: Finde heraus, welche Art der Massage sich für dich am besten anfühlt. Suche dir einen Profi, dem du vertraust. Für Sportler hat sich nach meiner Erfahrung besonders die Thai-Massage bewährt, da diese sich besonders positiv auf die muskuläre Belastung und Regeneration auswirkt.

Atemübungen

Atemübungen können eine wirksame Methode sein, um Angstzustände zu reduzieren und das Angstgefühl zu verbessern. Es gibt Techniken, die man generell praktizieren kann und andere, die speziell während ängstlicher Situationen und Panikattacken sinnvoll sind.

Eine positive Eigenschaft von Atemtechniken ist die Beruhigung des Nervensystems. Bei Angstzuständen ist das sympathische Nervensystem, das für die „Kampf-oder-Flucht"- Reaktion verantwortlich ist, oft überaktiv. Durch bewusste Atemübungen, insbesondere durch langsame und tiefe Bauchatmung, wird das parasympathische Nervensystem aktiviert, das Entspannung und Ruhe fördert.
Durch die bewusste Kontrolle der Atmung wird der Körper dazu angeregt, Stresshormone wie Cortisol zu senken. Dies führt zu einer allgemeinen Entspannung und Stressminderung.

Des Weiteren trägt bewusstes Atmen zu einer verbesserten Sauerstoffversorgung bei. Atemübungen fördern eine tiefere Atmung und optimieren dadurch die Sauerstoffversorgung des Körpers. Dies kann helfen, körperliche Symptome von Angst wie Engegefühl in der Brust, Schwindel und Atemnot zu lindern.

Auch Achtsamkeit ist bei Atempraktiken ein nicht zu vernachlässigender Aspekt. Beim Durchführen von Atemübungen liegt der Fokus auf dem gegenwärtigen Moment und der eigenen Atmung. Dies hilft dabei, negative Gedankenmuster zu unterbrechen und die Aufmerksamkeit auf den Moment zu lenken, was wiederum zur Reduzierung von Angst beitragen kann.

Ebenfalls nicht zu unterschätzen ist, dass Atemübungen den Herzrhythmus positiv beeinflussen, indem sie das Zusammenspiel von Atmung und Herzschlag synchronisieren. Dies kann zu einer verbesserten Herzratenvariabilität führen, was ein Indikator für ein gesundes und ausgeglichenes Nervensystem ist.

Es ist daher ratsam, Atemübungen regelmäßig zu praktizieren, um ihre langfristigen Vorteile zu erfahren. Sie können sowohl als präventive Methode zur Stressbewältigung als auch als Soforthilfe bei akuten Angstzuständen eingesetzt werden.

Journaling

Das Journaling, also das Schreiben und Dokumentieren von Gedanken und Emotionen, kann eine wirksame Methode sein, um Ängste zu bewältigen. Es ist ein Trend, der in den letzten Jahren sehr stark an Popularität gewonnen hat und das nicht ohne Grund. Journalen kann viele positive Einflüsse für Menschen mit Ängsten haben.

Es hilft zum einen bei der emotionalen Verarbeitung. Das Niederschreiben von Ängsten und Sorgen ermöglicht es, diese aus dem Kopf auf Papier zu bringen und somit eine gewisse Distanz zu schaffen. Durch das Festhalten der Gedanken und Emotionen können sie besser verstanden und verarbeitet werden. Man erhält die Möglichkeit, sich selbst auf eine andere Art und Weise kennenzulernen und seine Ängste genauer zu identifizieren. Dadurch wird ein tieferes Verständnis für die eigenen Bedürfnisse und Grenzen entwickelt, was dabei hilft, Ängste gezielt anzugehen und ihnen entgegenzuwirken.

Beim Journaling werden Ängste bewusst reflektiert und analysiert. So wird es möglich, die Muster und Auslöser unserer Gedanken zu erkennen und diese besser zu verstehen. Dadurch können gezielt Lösungsansätze und Bewältigungsstrategien entwickelt werden.

Schreiben wirkt sich für viele Menschen außerdem positiv auf den Stressabbau aus. Das Führen eines Journals bietet eine wertvolle Möglichkeit, Stress abzubauen. Indem man die Ängste aufschreibt, entlastet man den Geist und schafft Platz für positive Gedanken und Perspektiven. Das kann zu einer Reduzierung von Angstsymptomen und einer allgemeinen Entspannung beitragen.

Insgesamt kann das Journaling als eine Art therapeutisches Werkzeug dienen, um Ängste zu bewältigen, das eigene Wohlbefinden zu fördern und einen positiven Einfluss auf die psychische Gesundheit zu nehmen.

Tipp: Informiere dich über die verschiedenen Arten des Journaling. Es gibt beispielsweise vorgeschriebene Tagebücher-, wie das 6-Minuten-Tagebuch, das mir besonders gut gefällt. Probiere aus, was für dich funktioniert, und gib nicht zu schnell auf. Wie wir alle wissen: Gut Ding will Weile haben.

Therapie und Coaching

Bei vielen Menschen, die unter Ängsten leiden, hat sich das Angst-denken so weit verselbstständigt, dass es allein sehr schwer sein kann, diese Denkmuster zu bemerken, geschweige denn zu durchbrechen. Es kann in diesem Fall ratsam sein, mit einem Therapeuten oder Coach zusammenzuarbeiten, der bei diesem Thema unterstützen kann.

Angstthemen haben sehr viele Facetten und Betroffene, die unter ihnen leiden. Dementsprechend gibt es auch eine große Zahl an Therapeuten, die sich auf diese Themen spezialisiert haben. Wenn du mit deinem Hausarzt über deine Ängste sprichst, kriegst du normalerweise schnell eine Überweisung für einige Therapiestunden. Diese werden von der Krankenkasse bezahlt, wenn der Therapeut eine Kassenzulassung hat. Psychologen und Coaches, die keine Kassenzulassung haben, muss man in der Regel selbst bezahlen.

Laut Studien leidet während seines Lebens jeder dritte Mensch in Deutschland an einer behandlungsbedürftigen Störung. Das Wort Störung sollte hier mit Vorsicht genutzt werden. Schenkt man diesen Zahlen Glauben, ist eines auf jeden Fall sicher. Du musst dich nicht dafür schämen, mit einem Therapeuten zusammenzuarbeiten. Früher ein Tabuthema, gehört es heute für Millionen Menschen zum Alltag.

Schließe diese Form der Therapie deshalb nicht aus Stolz oder der Angst verurteilt zu werden aus. Die wichtigen Menschen in deinem Leben werden dich unterstützen. Wenn du offen mit dem Thema umgehst und anderen Menschen aufmerksam zuhörst, wirst du merken, wie viele Personen in deinem Umfeld schon einmal eine Therapie gemacht haben. Übrigens: Die wenigsten bereuen es danach.

Tipp: Sei sorgfältig bei der Auswahl des jeweiligen Therapeuten oder Coaches. Frage im Bekanntenkreis nach Empfehlungen und finde in den ersten Treffen heraus, ob die Art, wie der Therapeut/Coach arbeitet, für dich funktioniert. Wie immer gilt auch hier, höre auf dein Bauchgefühl.

Kunst und Handwerk

Dieser Tipp bezieht sich allgemein auf kreatives und handwerkliches Arbeiten. Ob es das Malen von Gemälden, das Bauen von Möbeln, Stricken, oder eine andere Form von künstlerischer Tätigkeit ist. Hauptsache es macht dir Spaß und gibt dir die Möglichkeit, dich selbst auf kreative Art und Weise auszudrücken. Doch wie genau kann dies bei Angstsymptomen helfen?

Im Folgenden möchte ich auf einige potenzielle Vorteile von Kunst und Handwerk eingehen.
Künstlerisch tätig zu sein ermöglicht es uns, unsere Gedanken, Gefühle und Emotionen auf kreative Weise auszudrücken. Dieser Ausdruck kann eine therapeutische Wirkung haben und uns helfen, uns mit unseren inneren Erfahrungen auseinanderzusetzen. Es bietet eine Möglichkeit, Spannungen abzubauen und interne Konflikte zu erkunden. Wenn wir uns auf künstlerische oder handwerkliche Aktivitäten konzentrieren, können wir in einen Zustand der Entspannung eintauchen und den gegenwärtigen Moment genießen. Dies kann zu einem Gefühl der Achtsamkeit führen, bei dem wir uns auf die gegenwärtige Tätigkeit fokussieren und unsere Sorgen und Ängste vorübergehend loslassen können.

Kreatives Arbeiten kann auch als Form der Entspannung dienen und das Stresslevel reduzieren. Es ermöglicht uns, uns auf etwas Positives und Konstruktives zu konzentrieren und uns von stressigen Gedanken und Situationen abzulenken. Durch das Eintauchen in eine kreative Aktivität können wir unseren Geist beruhigen und den Stresspegel senken.

Dabei können wir in einen Flow Zustand eintauchen, auch bekannt als der Zustand des völligen Aufgehens in einer Tätigkeit. Wenn wir uns in einem kreativen Prozess befinden, können wir Zeit und Raum vergessen und uns vollständig auf die Aktivität konzentrieren. Dieser Zustand ruft ein Gefühl von Freude, Erfüllung und Zufriedenheit hervor, was sich positiv auf unser Wohlbefinden auswirkt.

Tipp: Suche dir ein kleines Projekt, das dieser Kategorie entspricht und werke oder künstle drauf los. Du wirst schnell merken, ob die Wahl deines Projekts die richtige war und ob dir das kreative Arbeiten hilft. Gib jedoch nicht sofort auf, wenn der Erfolg zuerst ausbleibt. Es ist noch kein Meister als solcher auf die Welt gekommen.

Retreats

Retreats können eine unterstützende und heilsame Erfahrung sein, um Ängste zu bewältigen. Es gibt verschiedene Arten von Retreats, die dabei helfen können, dem Alltag und den sich verselbstständigten Denkmustern zu entkommen. Beispiele für häufig angebotene Retreats sind: Natur- oder Outdoor-Retreats, Yoga-Retreats, Achtsamkeitsretreats, therapeutische Retreats oder spirituelle Retreats, um nur ein paar Beispiele zu nennen. Die Programme sind sehr unterschiedlich, verfolgen aber ein ähnliches Ziel. Den Teilnehmern soll die Möglichkeit geboten werden, ihrem Alltag zu entfliehen, sich mit Gleichgesinnten auszutauschen und eine Pause von ihrer Arbeit zu bekommen. Besonders bei Angststörungen kann dies sinnvoll sein, da die Ängste der Betroffenen oft mit ihrem direkten Umfeld zusammenhängen. Die gleichbleibenden Erlebnisse im Alltag rufen, dieseleben Denkmuster hervor, die entsprechend wiederholt werden.

Ein Retreat kann neben dem Abstand zum gewohnten Umfeld, denselben Menschen und Gedanken somit hilfreich sein, um eine neue Perspektive auf die Dinge zu entwickeln, negative Gewohnheiten aufzudecken und eine kritische Hinterfragung der eigenen Lebensweise zu ermöglichen. Es ist eine Form des Distanzierens, die einem die Möglichkeit gibt, sich selbst und das eigene Leben aus der Perspektive einer dritten Person zu sehen und in Ruhe zu reflektieren. Oft finden diese Retreats in der Natur statt und stellen bewusst einen starken Kontrast zum ansonsten medien-dominierten Alltag dar.

Medien-detox

Ein „Medien-detox"- bezieht sich auf den bewussten Verzicht oder die Reduzierung der Nutzung von Medien, insbesondere von digitalen Medien wie sozialen Netzwerken, Nachrichten-Websites, Videospielen und Streaming-Plattformen. Das heißt, keine leichte Unterhaltung durch Netflix, Twitch, YouTube, Spotify, Snapchat, Games und Co. Für die meisten von uns heute undenkbar. Doch ein bewusster Medien-verzicht kann gerade für Menschen mit Angststörungen sinnvoll sein. Im Folgenden werde ich auf die potenziellen Vorteile eines Medien-detox eingehen.

In der heutigen digitalen Welt sind wir ständig mit einer Fülle von Informationen konfrontiert. Ein Medien-detox ermöglicht es uns, sich von dieser Informationsüberlastung zu erholen. Indem wir den Konsum von digitalen Inhalten einschränken, können wir unseren Geist entlasten und Platz für Ruhe und Stille schaffen.

Übrigens: Circa 80 Prozent der zwischen 16–30-Jährigen sind auf Instagram angemeldet. Ziemlich beeindruckend –oder eher alarmierend?

Die ständige Ablenkung durch die digitalen Medien beeinträchtigt außerdem die Konzentration und Produktivität. Ein Verzicht kann helfen, die

Aufmerksamkeitsspanne zu verlängern und die Fähigkeit zu verbessern, sich auf wichtige Aufgaben zu konzentrieren. Durch die Reduzierung von Unterbrechungen und Ablenkungen kann man effektiver arbeiten und produktiver sein.

Ein weiterer wichtiger Punkt ist die Auswirkung auf unseren Schlaf. Übermäßiger Medienkonsum vor dem ins Bett gehen kann sich negativ auf die Schlafqualität auswirken. Das blaue Licht der Bildschirme kann den Schlaf-Wach-Rhythmus stören und die Einschlafzeit verzögern. Ein Medien-verzicht, insbesondere vor dem Schlafengehen, kann dazu beitragen, den Schlaf zu verbessern und so zu einer erholsameren Nachtruhe führen.

Manchmal kann exzessiver Medienkonsum sogar zu einem Rückzug aus sozialen Interaktionen führen. Ein Medien-detox ermöglicht es uns, unsere Zeit und Energie mehr auf persönliche Beziehungen und direkte soziale Interaktionen zu konzentrieren. Wir können uns bewusst Zeit nehmen, um uns mit anderen Menschen zu treffen, zu kommunizieren und echte Verbindungen aufzubauen.

Es ist wichtig zu beachten, dass ein Medien-detox nicht bedeutet, dass man komplett auf Medien verzichten muss. Es geht vielmehr darum, eine bewusste und ausgewogene Nutzung zu praktizieren. Jeder Mensch hat unterschiedliche Bedürfnisse und Grenzen. Daher kann es hilfreich sein, einen individuellen Ansatz zu wählen, der zu einem gesunden Verhältnis zur Mediennutzung führt

Tipp: Setze dir für den Anfang kleine Ziele, wenn du einen Medien-detox ausprobieren willst. Von anfangs einigen Stunden bis hin zu mehreren Tagen. Überlege dir gute alternative Beschäftigungen wie Lesen, in die Natur gehen, Freunde treffen, Sport oder Ähnliches und genieß die innere Ruhe, die daraus resultiert.

Akupunktur

Fast jeder hat schon einmal von Akupunktur gehört. Doch die wenigsten wissen wirklich viel darüber, außer dass man mit kleinen Nadeln gepikst wird. Deshalb erst einmal eine kurze Erklärung.

Akupunktur ist eine traditionelle chinesische Medizinpraxis, die seit mehr als 2.500 Jahren angewendet wird. Sie basiert auf dem Konzept, dass Energie (Qi) durch Meridiane im Körper fließt und Ungleichgewichte oder Blockaden dieses Energieflusses zu Krankheiten und Beschwerden führen können. Bei der Akupunktur werden feine Nadeln an spezifischen Punkten auf der Haut platziert. Diese Punkte liegen entlang der Meridiane und werden ausgewählt, um den Energiefluss im Körper auszugleichen und zu fördern.

Die Nadeln sind sehr dünn und werden in der Regel als schmerzlos empfunden. Es wird angenommen, dass Akupunktur verschiedene Wirkungsweisen hat. Zum einen kann sie die Freisetzung von Endorphinen, den körpereigenen Schmerzmitteln, stimulieren. Darüber hinaus wird angenommen, dass sie den Blutfluss erhöht, Entzündungen reduziert und das Nervensystem beeinflusst. Akupunktur wird häufig zur Schmerzlinderung eingesetzt, insbesondere bei Rücken-, Nacken-, Kopf- und Gelenkschmerzen. Es gibt auch Hinweise darauf, dass Akupunktur bei der Behandlung von Übelkeit, Migräne,

Schlafstörungen und Stressabbau wirksam sein kann. Somit ist Akupunktur ein gut geeignetes Mittel, um Entspannung zu finden und Ängste zu reduzieren. Ich persönlich habe Akupunktur immer als sehr positiv, stimulierend und entspannend empfunden.

Tipp: Vereinbare einen Termin bei einer gut bewerteten oder von Bekannten empfohlenen Akupunktur-Praxis. Die Erfahrung lässt sich schwer beschreiben, probiere es deshalb am besten selbst aus. Neben einer „richtigen" Akupunktur bin ich auch ein Fan von Akupunkturmatten geworden. Auf diese legt man sich für zehn bis zwanzig Minuten. Sie fördern die Durchblutung und sind sehr entspannend. Meiner Meinung nach auf jeden Fall eine Überlegung wert. Akupunkturmatten gibt es auf Amazon beispielsweise bereits ab etwa zwanzig Euro.

Übrigens:
Die Universität von Gothenburg und das Reasearch Development Center Frybodal in Schweden bewiesen in einer Studie die Effektivität von therapeutischer Akupunktur bei Teilnehmern zwischen 20 bis 55 Jahren in einer Anwendungsdauer von bereits vier bis acht Wochen. Doch damit nicht genug. Der Grad der Verbesserung im Hinblick auf Angstsymptome und Depression war sogar größer als der einer konventionellen Therapie.

Offene Kommunikation

Menschen mit Ängsten schämen sich oft für die Dämonen in ihren Köpfen. Das Letzte, was sie wollen, ist, dass andere davon erfahren und sie bloßgestellt werden. Zumindest denken viele, dass es eine Blamage ist Sorgen und Ängste zu haben. Diese Denkweise bewirkt, dass wir unsere Ängste für uns behalten, sie verstecken und uns unentwegt Ausreden einfallen lassen, wenn wir angstauslösende Situationen vermeiden wollen. Dies bedeutet jedoch auch, dass wir mit unseren Ängsten allein sind, allein in unserem Kopf.

Ich denke, dieses Verhalten stammt aus einer Zeit vor einigen Jahrzehnten, als Menschen mit psychischen Störungen, Ängsten oder anderen mentalen Themen als „Verrückte" oder „Sonderlinge" abgestempelt wurden. Die Eltern wollten tunlichst vermeiden, dass diese Art von Problemen der Kinder nach außen getragen werden, um das Gesicht zu wahren. Diese Einstellung ist meiner Meinung nach nicht nur veraltet, sondern birgt wieder eine Angst in sich, die für die Betroffenen wenig hilfreich ist.
Es ist nicht schwach, Ängste zu haben, sondern vollkommen normal. Es ist auch nicht schwach, mit den eigenen Ängsten nicht allein sein und darüber reden zu wollen. Es beweist Stärke, mit Menschen die innersten Gedanken und Gefühle zu teilen und ermutigt andere gleichzeitig dasselbe zu tun. Wir sollten

danach streben, den Menschen um uns herum Nähe und Menschlichkeit zu zeigen, statt Vorurteile und Sorgen vor Verurteilung zu haben.

Probiere es aus. Deine Ängste werden sich weniger bedrohlich anfühlen, wenn du mit anderen Menschen darüber redest. Und hab gleichzeitig ein offenes Ohr für andere und frage nach, wenn du das Gefühl hast, dass sich jemand ungewöhnlich verhält oder ängstlich wirkt. Sie oder er wird es dir in den meisten Fällen danken.

Kuscheln

Körperliche Nähe und Berührungen haben auf unseren Organismus und Geist eine beruhigende Wirkung. Sie helfen, Ängste sehr schnell und effektiv zu reduzieren. Körperlicher Kontakt, insbesondere Umarmungen und Kuscheln, stimuliert die Freisetzung von Oxytocin, auch bekannt als „Kuschel- oder Liebeshormon". Oxytocin trägt zur Entspannung bei und fördert ein Gefühl von Wohlbefinden und Geborgenheit. Es senkt das Stresslevel im Körper und beruhigt das autonome Nervensystem. Dadurch wird gleichzeitig die Ausschüttung von Stresshormonen wie Cortisol verringert. Studien haben gezeigt, dass körperliche Berührung den Herzrhythmus regulieren und das Herz-Kreislauf-System positiv beeinflussen kann. Dies kann ebenfalls zur Entspannung beitragen und das Angstgefühl erträglicher machen. Es muss sich dabei übrigens nicht unbedingt um einen geliebten Menschen handeln, auch die Berührung und das Kuscheln mit dem Haustier lässt den Körper die gleichen Hormone freisetzen. Allein das Streicheln eines Hundes oder einer Katze kann die Stimmung deutlich anheben! Probiere es aus und achte aufmerksam was es mit deiner Stimmung und dem Körpergefühl macht.

Übrigens:

Oxytocin hilft auch bei akuten Angstzuständen und Panikattacken. Bei einer Studie, in der Angstpatienten während einer Panikreaktion ein Nasenspray gegeben wurde, das Oxytocin enthielt, konnte eine deutliche Linderung der Angstsymptome belegt werden.

Ängsten ins Auge schauen – das Sprungbrett

Menschen mit Angststörungen sind oft Profis darin, Szenarien zu vermeiden, vor denen sie Angst haben, oder in denen sie sich unwohl fühlen. Über die Jahre entstehen so die raffiniertesten Vermeidungsstrategien, um sich auch ja nicht den Stresshormonen auszusetzen. Dies mag teilweise vernünftig sein, bleibt man jedoch über lange Zeit in der Vermeidung, schränkt sich der Bewegungsradius oft immer weiter ein und die Ängste werden größer. Es ist deshalb wichtig, sich den eigenen Ängsten zum richtigen Zeitpunkt zu stellen. Dieses Vorgehen wird in der Psychologie als Expositionstherapie bezeichnet. Man setzt den Patienten oft im Beisein des Therapeuten, Situationen aus, vor denen er sich besonders fürchtet. Bewältigt er diese, schwindet durch das Erfolgserlebnis die Angst vor der Situation. So zumindest die Theorie. Neuere Studien haben gezeigt, dass dies nicht ohne Einschränkungen richtig ist und dass zu große Hürden sich eher negativ auf die Angst auswirken. Deshalb ist es wichtig, das richtige Maß der Exposition zu finden.

Ich nehme als Vergleich hier gerne die Sprungbretttürme im Schwimmbad. Das Ein-Meter Sprungbrett steht für einen ersten Schritt, ein kleines Erfolgserlebnis auf dem Weg zum Bezwingen der Angst. Dies kann bei einer Person, die, um ein Beispiel zu nennen, panische Angst vor großen Hunden hat, z.B. ein Besuch von neugeborenen Hundewelpen sein. Der Drei-Meter-Sprung könnte dann das gemeinsame Spazieren mit einem Bekannten sein, der einen kleinen Hund hat, das Fünf-Meter Brett, anschließendes Streicheln eines größeren Hundes und der finale Zehn-Meter-Sprung das alleinige Aufpassen auf einen Hund. Wie man hier sieht, geht jedem größeren Sprung ein kleinerer voraus. Man gewöhnt sich und den eigenen Verstand so gut wie möglich an die Angst verursachende Situation, indem man sie abgeschwächt und in kleinen Schritten weniger furchteinflößend macht. Im Freibad fängt man schließlich auch nicht mit einem Sprung vom Zehn-Meter-Brett an, sondern springt zuerst vom Beckenrand oder vom Ein-Meter-Turm.

Tipp: Definiere für dich, was die jeweiligen Sprunghöhen sein könnten, und schreibe sie auf. Es ist egal, wie klein die Sprünge sind, solange du letztendlich springst! Jeder Schritt in Richtung der Angst ist ein wichtiger. Hab Geduld mit dir und nimm Hilfe von anderen Menschen dabei an. Du wirst verblüfft sein, wie gut sich kleine Erfolge anfühlen und dich zum nächsten Sprung motivieren.

Lebensumstände kritisch hinterfragen

Die Basis dieses Tipps ist: Sei ehrlich zu dir selbst. Such nicht nach Ausreden oder hab Mitleid mit dir. Wenn wir unsere eigenen Lebensumstände wirklich kritisch hinterfragen, stoßen wir meistens sehr schnell auf die Verhaltensweisen, die uns von unserem gewünschten Leben und Lebensgefühl abhalten. Das Problem der heutigen Gesellschaft ist, dass die meisten Menschen im Zeitalter von TikTok, Instagram, Google und A.I. aufgehört haben zu denken, Fragen zu stellen und mit ihrem eigenen Verstand nach Lösungen zu suchen. Der Konsum bestimmt unseren Alltag und lenkt uns von dem ab, was wirklich wichtig ist. Nämlich von uns selbst. Gerade bei Ängsten, die sich langsam einnisten und unbemerkt wachsen, ist diese Tatsache fatal. Der erste Schritt ist, sich Zeit zu nehmen. Zeit, um sich allein mit sich zu beschäftigen, sich hinzusetzen, ohne Smartphone oder PC, nur bewaffnet mit einem Blatt und einem Stift. Denk nach und mach dir Notizen. Frag dich, was gegen deine Ängste funktioniert, was sie verstärkt und womit sie verknüpft sind. Sei gnadenlos ehrlich zu dir, auch wenn das bedeutet, dass du dich in einem Licht siehst, das nicht schön ist. Um besser zu werden und unsere Ängste loszuwerden gehört sowohl das Schöne als auch das Hässliche dazu.

Tipp: Schreibe fünf Dinge auf, die du bereits gut machst und fünf Dinge, an denen du noch Verbesserungspotenzial siehst. Überlege dir, mit welchen Tricks du dein Verhalten verbessern kannst und stell dir die Frage, wieso du das bisher noch nicht gemacht hast. Die Antwort mag sein: „Weil ich zu faul bin." oder: „Weil ich es mir nicht zutraue."

Du wirst sehr schnell zu den negativen Glaubenssätzen gelangen, die du dir einprogrammiert hast. Hier beginnt die Gedankenarbeit. Löse diese Glaubenssätze und fang an so zu leben und zu denken, wie du es verdient hast. Du bist es (dir) wert!

Eine Lebensvision

Ängste entstehen so gut wie nie, außer wir werden auf einer Safari von einem Löwen angegriffen, im gegenwärtigen Moment. Damit ist gemeint, dass wir im Vergleich zu unseren Vorfahren vor vielen Tausend Jahren sehr selten in Situationen geraten, in denen wir um unser Überleben kämpfen müssen. Für die Menschen unseres Zeitalters entstehen Ängste meistens aus Trauma und Verletzungen, die in der Vergangenheit stattgefunden haben oder aus der Angst vor der Zukunft. Wenn wir diese Tatsache verstehen, können wir daraus Handlungsempfehlungen für unser Leben ableiten.

Der wohl stärkste Tipp, den ich über die Jahre bekommen habe, ist folgender:
Wenn man nicht von einer Vision der eigenen Zukunft erfüllt ist, bleiben einem nur die Erinnerungen der Vergangenheit. Und wenn man mehr an seine Vergangenheit glaubt als an das Potenzial seiner Zukunft, wirst du dich nicht weiterentwickeln und das Leben kreieren, dass du dir wünschst.

Dieser Tipp entstammt der Arbeit von Dr. Joe Dispenza, meinem wohl stärksten Einfluss auf meiner Reise, weg von der Angst.
Viele Menschen haben keinerlei Vision für ihre eigene Zukunft. Sie stumpfen ab, geben sich aus Angst

mit dem zufrieden, was sie sind und haben oder was schon ihre Eltern hatten und waren.

Frage dich also, was du von dieser sehr begrenzten Zeit auf der Erde willst. Setze dir dabei keine Limits.

Glaube immer an die Möglichkeiten und lass dich nicht von den Glaubenssätzen aus der Vergangenheit limitieren.

Schreibe dir auf, wie deine Zukunft aussehen soll, und fange an, diese in Gedanken und Emotionen zu erleben.

Du wirst sehen, wie deine Ängste nach und nach verschwinden, wenn du anfängst, deine Zukunftsvision zu leben. Es ist Magie!

Powerposen

Powerposen wie die Superman- oder die Wonder Woman Pose sind den meisten Menschen bekannt. Dass diese Körperhaltungen helfen, die eigene Angst und Nervosität zu reduzieren, wissen jedoch nur die wenigsten.

Neue Studien zeigen die Effektivität dieser Posen. Steht man in der Pose nur zwei Minuten, während man tief atmet, erhöht man sein körpereigenes Testosteron um 20 Prozent, gleichzeitig reduziert sich das Stresshormon Cortisol um 22 Prozent und man ist 33 Prozent wahrscheinlicher bereit, in die Aktion zu gehen, wo die Angst einen zuvor gestoppt hätte. Ihnen ist diese Form der Selbstmanipulation vielleicht von Coaches wie Tony Robbins bekannt. Diese Public Speaker nutzen die Powerposen vor Auftritten und Vorträgen, um sich in die richtige Stimmung zu bringen und ihre Energie zu steigern. Powerposen können auch als unterstützende Strategie in Kombination mit anderen Bewältigungstechniken wie Atemübungen, Entspannungstechniken und kognitiver Umstrukturierung hilfreich sein.

Tipp: Wenn du dich das nächste Mal ängstlich fühlst oder in einer stressigen Situation bist, probiere eine der Powerposen, atme tief und langsam und beobachte, was es mit deiner Nervosität macht.

Mantras

Ein Mantra ist ein wiederholtes Wort, eine Phrase oder ein Klang, das zur Konzentration und Beruhigung des Geistes verwendet wird.
Es sind meistens bestimmte Glaubenssätze, die der Praktizierende erreichen, bzw. fühlen und in sein Leben integrieren will.

Das wiederholte Rezitieren eines Mantras lenkt die Aufmerksamkeit auf einen bestimmten Gedanken oder Klang. Dadurch kann der Geist von ängstlichen und belastenden Gedanken abgelenkt werden und sich auf etwas Positives und Beruhigendes konzentrieren. Das Wiederholen eines Mantras kann außerdem dazu beitragen, das autonome Nervensystem zu beruhigen, indem es den Parasympathikus aktiviert. Dieser Teil des Nervensystems ist mit Entspannung, Ruhe und Regeneration verbunden und kann dazu beisteuern, Angstgefühle zu verringern. Durch Achtsamkeit und Präsenz kannst du dich auf das Hier und Jetzt konzentrieren und dich von ängstlichen Gedanken lösen.

Wichtig hierbei ist es, die Worte nicht nur zu sagen, sondern auch das Gefühl, die Emotion dahinter zu fühlen, die das Mantra innehat. Wenn der Verstand das Mantra glauben und annehmen soll, musst du das auch. Für mich und viele andere Menschen, die ich kenne, funktioniert es besonders gut, sich für jedes Mantra ein Bild vorzustellen, das man mit einem bestimmten positiven Gefühl verknüpft.

Es gibt Hunderte verschiedene Mantras. Einige sehr häufig gewählte Mantras sind zum Beispiel:

Ich werde es schaffen
Ich bin selbstbewusst
Ich sehe gut aus
Ich bin ruhig und gelassen
Ich bin wertvoll
Ich bin gut genug

Du siehst, du kannst jede Phrase als Mantra wählen, je nachdem, welches Thema für dich besonders wichtig und präsent ist.

Tipp: Suche dir, bevor du mit der Arbeit beginnst, für den Anfang drei Mantras aus und verbinde diese mit einem Bild sowie einem positiven Gefühl. Zu viele Mantras auf einmal können für den Verstand zu viel sein, um sie zu verinnerlichen. Schreibe deine drei Mantras auf und wiederhole täglich mehrere Male. Für den Anfang ist eine Wiederholung von 10-20x sinnvoll. Spüre, wie es sich anfühlt und gib nicht auf, wenn du den Sätzen zu Beginn noch nicht so richtig glauben kannst. Erfolg bedarf Training!

EMDR-Therapie

EMDR (Eye Movement Desensitization and Reprocessing) ist eine Therapiemethode, die ursprünglich zur Behandlung von posttraumatischer Belastungsstörung (PTBS) entwickelt wurde. Es gibt auch Hinweise darauf, dass EMDR bei anderen Angststörungen, wie beispielsweise generalisierten Angststörungen, der sozialen Angststörungen und Panikstörungen, wirksam sein kann. Sie ist eine evidenzbasierte Therapiemethode, für die umfangreiche Forschungsergebnisse vorliegen. Es gibt eine wachsende Anzahl von Studien, die darauf hinweisen, dass EMDR eine effektive Behandlungsmethode für Angstpatienten darstellen kann.

EMDR zielt darauf ab, traumatische oder belastende Erfahrungen zu verarbeiten, die zu Ängsten geführt haben. Durch die gezielte bilaterale Stimulation (in der Regel durch Augenbewegungen) während der Therapiesitzungen sollen die Erinnerungen an diese Erfahrungen neu verarbeitet werden. Dadurch können Ängste und deren Symptome, wie beispielsweise Flashbacks, Albträume oder Angstauslöser, reduziert werden. EMDR unterstützt auch dabei, negative Überzeugungen und Gedankenmuster, die mit Ängsten verbunden sind, zu bearbeiten und zu verändern. Positive und adaptive Gedanken können gefördert werden, was zu einer Verbesserung der

Bewältigungsstrategien und der allgemeinen psychischen Gesundheit führen kann.

Studien deuten darauf hin, dass die positive Wirkung von EMDR langfristig anhalten kann, was darauf hindeutet, dass EMDR nachhaltige Veränderungen in der Denk- und Verarbeitungsweise bewirken kann.

Es ist jedoch wichtig zu beachten, dass nicht jeder Mensch gleich auf EMDR anspricht. Jeder Fall ist individuell, und der Erfolg der Therapie hängt von verschiedenen Faktoren ab wie der Schwere der Ängste, der individuellen Vorgeschichte und der therapeutischen Beziehung. Eine professionelle Einschätzung durch einen Therapeuten, der Erfahrung mit EMDR hat, ist empfehlenswert, um zu bestimmen, ob diese Therapieform für dich geeignet ist und wie sie in deinem spezifischen Fall angewendet werden kann. Ich würde mich hierzu online informieren welche Therapeuten diese Behandlungsform in deiner Stadt anbieten und mir selbst ein Bild machen, bzw. vorher mit dem Therapeuten über das Vorhaben sprechen. Ich habe EMDR selbst ausprobiert und für mich war es eine positive Erfahrung, wenn auch nicht das alleinige Heilmittel.

Die Datenautobahn verkleinern

Dieser Tipp mag erst einmal verwirrend klingen. Doch es ist, wie ich finde, eine sehr passende Analogie, die ich zum ersten Mal im Buch von Klaus Bernhardt, – dass ich nicht genug empfehlen kann, gelesen habe. Dafür ist es wichtig zu wissen, wie unser Gehirn funktioniert. Wir erschaffen, je nachdem, was wir denken und erleben täglich Millionen von neuronalen Vernetzungen in unserem Gehirn. Es funktioniert wie ein Muskel, der nach dem Training wächst. Trainieren wir, das heißt, denken wir ständig in eine bestimmte Richtung – nehmen wir hierfür das passende Beispiel der Angst und Sorge – wächst die Gehirnregion, die für diese Gedankenprozesse zuständig ist. Namentlich die Amygdala. Mit jedem negativen Gedanken trainieren wir sie und ermöglichen es unserem Gehirn, noch effizienter und schneller in Richtung Angst zu denken. Dies bedeutet, wir machen unser Gehirn, wenn wir so denken, jeden Tag ein kleines bisschen schlechter. Irgendwann sind wir so gut darin trainiert, dass die Prozesse unterbewusst und automatisch ablaufen. Macht man dies lange genug, bei vielen Menschen mehrere Jahre oder sogar Jahrzehnte, schickt der Körper uns eine Panikattacke ganz von allein. Die verallgemeinerte Angststörung gibt es dann kostenlos dazu. Es ist deshalb extrem wichtig, dass wir positive Gedanken und Denkmuster etablieren und Negativität und Sorgen nicht überhand-nehmen lassen.

Wichtig zu beachten ist, dass je stärker die Emotionen eines Erlebnisses bzw. der Gedanken sind, desto zahlreicher und tiefer sind die neuronalen Vernetzungen. Deshalb sind Traumata auch noch nach mehreren Jahren oder sogar Jahrzehnten oft immer noch sehr präsent. Meditation ist an dieser Stelle das ideale Werkzeug, um in positive Erlebnisse und Gefühle abzutauchen. Das Gehirn macht bei der Verarbeitung quasi keinen Unterschied, ob man das Erlebte tatsächlich oder nur in der eigenen Vorstellung erlebt hat, solange die Emotion dahinter stark genug ist. Ich selbst habe täglich die Meditation von Klaus Bernhardt, die auf dem imaginären Erleben von Ereignissen beruht, die für das eigene perfekte Leben stehen, über mehrere Monate praktiziert und war wirklich erstaunt, wie sich mein Leben und meine Gedankenwelt zum Besseren gewandelt hat, meine Panikattacken verschwunden sind und ich wieder Freude am Leben hatte.

Trainiere deshalb so oft wie möglich dein Gehirn im positiven Denken und mache in deinem Leben so viele positive Erfahrungen wie möglich. Es wirkt Wunder. Probiere es unbedingt aus und gib nicht auf. Es braucht einige Wochen oder sogar Monate bis sich nachhaltige Veränderungen einstellen, aber es lohnt sich definitiv.

Lavendelöl

Lavendel ist seit Langem für seine beruhigenden und entspannenden Eigenschaften bekannt. Es gibt einige Hinweise darauf, dass Lavendel positive Auswirkungen auf Angstsymptome haben kann.
Einige Menschen bevorzugen natürliche Ansätze zur Behandlung von Angststörungen und suchen nach Alternativen zu verschreibungspflichtigen Medikamenten. Lavendelöl kann als natürliche Option in Betracht gezogen werden, um unterstützend bei Angstsymptomen zu helfen.

Der Duft der Pflanze wirkt für viele Menschen beruhigend und trägt zur Entspannung bei. Es wird angenommen, dass bestimmte Bestandteile des Lavendels, wie Linalool eine sedierende Wirkung haben und das Nervensystem beruhigen.

Lavendel kann auch beim Einschlafen und generell bei Schlafstörungen hilfreich sein, was sich wiederum positiv auf die Regeneration des Körpers und dadurch auf das Angstgefühl auswirkt.

Es gibt einige Präparate zum Einnehmen, die Lavendel aus Basis benutzen. Eines der bekanntesten ist wohl *Lasea*. Es ist nicht verschreibungspflichtig und schneidet laut Befragungen der Benutzer sehr gut in Bezug auf das Angstempfinden ab. Ich habe von Menschen aus meinem Bekanntenkreis ausschließlich Positives über diese Art von Alternativbehandlungen gehört. Es ist trotzdem ratsam mit deinem Arzt oder Heilpraktiker darüber vor der Einnahme zu sprechen. Ich persönlich mag auch das Lavendel-Massageöl sehr gerne. Ein paar Tropfen auf den Nacken, die Schulter oder andere verspannte Körperstellen wirken bei mir außerordentlich gut.

Übrigens:
Wissenschaftler kamen in einer Meta-Analyse von 22 Studien, welche die Effektivität von Lavendel in Bezug auf Ängste untersucht hatten, zu dem Ergebnis, dass Lavendel tatsächlich eine positive Auswirkung auf Angststörungen hat. Besonders Aromatherapien hatten einen nachweislich positiven Effekt bei den Probanden. Insgesamt enthielten die Studien Daten von 2.102 Teilnehmern.

Kein Fleisch aus Massentierhaltung

Es gibt einige Studien, die sich mit der potenziellen Korrelation zwischen einer fleischreichen Ernährung und Stresshormonen beschäftigen. Diese entstehen vor allem bei Tieren, während des Abtransports zum Schlachthof. Die Tiere spüren die Gefahr und schütten Cortisol, Adrenalin und andere Hormone aus, die bei der Stressreaktion entstehen. Diese bleiben nach dem Tod des Tieres im Blutkreislauf bestehen und finden über den Verzehr des Fleisches den Weg in unsere Körper. Dies gilt auch bei Antibiotika. Die EU-Behörden schätzen, dass jährlich etwa 30.000- 35.000 Menschen durch Antibiotika-resistenzen sterben. Dies ist vor allem dem Konsum von Tieren geschuldet, die, um Krankheiten vorzubeugen, bei der Aufzucht mit Antibiotika gefüttert werden. Der Mensch nimmt so beim Verzehr kleine Mengen des Antibiotikums auf und entwickelt Resistenzen gegen den Wirkstoff. Leider reagiert der Körper dann, wenn er mit einer bedrohlichen bakteriellen Krankheit konfrontiert wird, nicht mehr auf die Medizin. Mit verheerenden Folgen.

Für Menschen mit Angststörungen gilt dies besonders, denn sie reagieren sehr sensibel auf Cortisol. Cortisol ist ein wichtiges Stresshormon, das als Reaktion auf Stress und Belastung freigesetzt wird. Einige Studien haben einen Zusammenhang zwischen dem Verzehr von rotem Fleisch und höheren

Cortisolspiegeln im Körper gezeigt. Zum Beispiel ergab eine Studie, dass Menschen, die eine fleischreiche Diät konsumierten, höhere Cortisolspiegel im Vergleich zu Vegetariern aufwiesen. Es wird angenommen, dass dies auf die entzündungsfördernden Eigenschaften bestimmter Bestandteile von Fleisch zurückzuführen sein könnte.

Adrenalin und Noradrenalin sind weitere Stresshormone, die eine Rolle bei der Stressreaktion spielen. Es gibt begrenzte Forschungsergebnisse, die darauf hinweisen, dass eine fleischreiche Ernährung mit höheren Adrenalin- und Noradrenalinspiegeln in Verbindung gebracht werden könnte. Eine Studie ergab zum Beispiel, dass der Verzehr von Fleisch zu einer erhöhten Ausschüttung von Stresshormonen bei Frauen führen kann.

Es lohnt sich deshalb generell, auf Fleisch aus Massentierhaltung zu verzichten, natürlich auch um des Tierwohls willen. Achte idealerweise auf die Herkunft der tierischen Produkte, die du konsumierst.

Die Ursache ergründen

Ängste können aus den unterschiedlichsten Gründen entstehen. Doch egal ob sie von Traumata aus der Vergangenheit, Medikamenten, negativen Glaubenssätzen oder von einer anderen Quelle herrühren, fühlen sie sich für die Betroffenen oft sehr ähnlich an. Es kann besonders beängstigend wirken, wenn man die Ursache für seine Ängste nicht kennt und versteht. Man tappt regelrecht im Dunkeln, während das eigene Leben Stück für Stück schwerer wird. Es kann deshalb sehr wichtig sein, zu wissen, woher die eigenen Ängste kommen. Nicht nur für das Verständnis und die Selbstreflexion, sondern auch für die Wahl der Behandlungsform.

Einige Therapieformen setzen genau an diesem Punkt an. Versteht man die Angst und sich selbst besser, werden die eigenen Ängste weniger bedrohlich. Um dies zu erreichen, gibt es viele mögliche Vorgehensweisen. Journaling und Meditation beispielsweise können helfen, einen besseren Zugang zum inneren Ich zu bekommen. Therapie und die Abklärung von möglichen physischen Ursachen sind weitere sinnvolle Schritte bei diesem Vorhaben.

Wichtig hierbei ist: Sei ehrlich zu dir selbst und verschließe nicht die Augen vor den eigenen Unzulänglichkeiten und negativen Erlebnissen.

So schmerzhaft diese sein mögen – deine Ängste werden sich deutlich weniger bedrohlich anfühlen, wenn du sie und dich selbst besser verstehst.

Tageslicht nach dem Aufstehen

Tageslicht direkt nach dem Aufwachen ist wichtig, da es verschiedene positive Auswirkungen auf den Körper und die Gesundheit hat, die auch bei Angststörungen eine zentrale Rolle spielen. Der zirkadiane Rhythmus ist unser natürlicher 24-Stunden-Schlaf-Wach-Rhythmus, der von äußeren Umweltfaktoren, insbesondere Licht, beeinflusst wird. Tageslicht am Morgen hilft dabei, den zirkadianen Rhythmus zu regulieren und das innere Uhrwerk des Körpers einzustellen. Es signalisiert dem Körper, dass es Tag ist, und unterstützt so einen gesunden Schlaf-Wach-Rhythmus.

Tageslicht enthält hauptsächlich blaues Licht, das die Produktion von Melatonin – einem Hormon, das den Schlaf reguliert – hemmt. Wenn wir morgens Tageslicht ausgesetzt sind, wird die Produktion von Melatonin reduziert, während gleichzeitig die Produktion von Serotonin – einem Neurotransmitter, der mit Wachheit und guter Stimmung in Verbindung gebracht wird – angeregt wird. Das Tageslicht hilft also, uns wacher und energiegeladener zu fühlen.

Außerdem ist Tageslicht eine wichtige Quelle für die körpereigene Produktion von Vitamin D. Wenn unsere Haut dem Sonnenlicht ausgesetzt ist, produziert sie Vitamin D, das eine bedeutsame Rolle bei der Knochengesundheit, dem Immunsystem, vielen anderen biologischen Prozessen und auch bei Depressionen und Ängsten spielt. Frühmorgendliches Tageslicht kann daher helfen, einen ausreichenden Vitamin-D-Spiegel aufzubauen.

Licht, insbesondere helles Tageslicht, kann die Stimmung positiv beeinflussen. Es wird angenommen, dass Sonnenlicht die Produktion von Endorphinen, den sogenannten „Glückshormonen", stimuliert und zur Verringerung von Angst und Depression beiträgt.

Um die Vorteile von Tageslicht nach dem Aufwachen zu nutzen, ist es ratsam, sich am Morgen möglichst frühzeitig dem Tageslicht auszusetzen. Ein Spaziergang im Freien, das Öffnen von Vorhängen oder das Sitzen in der Nähe eines Fensters können dabei helfen. Sollte aus irgendeinem Grund kein Zugang zu natürlichem Tageslicht bestehen, gibt es auch spezielle Lichttherapielampen, die helles Licht ähnlich dem natürlichen Sonnenlicht emittieren und dabei helfen können, den zirkadianen Rhythmus zu regulieren.

Tipp: Versuche ohne Vorhänge oder Rollläden zu schlafen und lasse dich von der aufgehenden Sonne wecken. Gehe danach im Idealfall nach draußen für einen kurzen Spaziergang, setze dich auf den Balkon oder stelle dich ans offene Fenster und lass dein Gesicht von der Sonne bestrahlen. Aktuelle Studien belegen immer deutlicher die Wichtigkeit von Sonnenlicht am Morgen.

Auf Koffein verzichten

Für die meisten nicht mehr aus dem Alltag wegzu-
denken, eines der beliebtesten Getränke der Deut-
schen, das Erste, was vielen Menschen nach dem
Aufwachen in den Sinn kommt und im Büro der
Grund für Schlangen in der Kantine ist: der Kaffee.
Und was macht ihn so begehrt? Richtig, Koffein.

Koffein ist eine psychoaktive Substanz, die in vielen
Getränken wie Kaffee, Tee, Energy Drinks und einigen Softdrinks enthalten ist. Obwohl Kaffee für
viele Menschen als anregendes Getränk angesehen
wird und mehrere Tassen vom braunen Gold für die
Mehrheit der Menschen deren Meinung nach absolut notwendig ist, kann es negative Auswirkungen
auf Ängste haben. Doch wieso?

Koffein stimuliert die Aktivität des zentralen Nervensystems und führt zu einer erhöhten Erregbar-
keit. Bei Menschen mit Angststörungen kann dies zu
verstärkten Symptomen wie Nervosität, Unruhe,
Reizbarkeit und Schlafstörungen führen.

Außerdem kann Koffein die Häufigkeit und Intensi-
tät von Panikattacken erhöhen. Menschen mit Panikstörungen sind oft empfindlich gegenüber Substanzen, die das Nervensystem stimulieren, und Koffein
gehört zu den Substanzen die Panikattacken auslösen oder verschlimmern können.

Darüber hinaus beeinträchtigt es die Schlafqualität, indem es die Einschlafzeit verlängert und den Schlafzyklus stört. Schlafmangel kann Angstsymptome verstärken und zu einer erhöhten Anfälligkeit für Angststörungen beitragen.

Koffein kann außerdem zu einem Anstieg der Herzfrequenz und des Blutdrucks führen. Bei Menschen mit Angststörungen bewirkt dies oftmals Unruhe, Herzklopfen und ein erhöhtes Angstgefühl.
Es unterstützt die Freisetzung von Stresshormonen wie Cortisol. Bei Menschen mit Angststörungen kann dies zu einer verminderten Fähigkeit, mit Stress umzugehen, und zu einer Verschlimmerung von Angstsymptomen beitragen.
Es ist wichtig anzumerken, dass die Auswirkungen von Koffein auf Angst von Person zu Person unterschiedlich sein können. Einige Menschen können Koffein ohne negative Auswirkungen auf ihre Angst konsumieren, während es bei anderen zu Problemen führen kann.

Wenn du an einer Angststörung leidest, kann es sinnvoll sein, deinen Koffeinkonsum zu reduzieren oder es ganz zu vermeiden, um festzustellen, ob dies die Symptome verbessert. Falls du nicht auf den Genuss des Kaffeegeschmacks verzichten willst, empfiehlt sich koffeinfreier Kaffee.

Alkoholverzicht

Alkohol ist die wohl populärste, gesellschaftlich anerkannte Droge der Welt. 14,8 Prozent der deutschen Bevölkerung zwischen 18 und 64 Jahren, das sind 7,9 Millionen Menschen, trinken so viel Alkohol, dass es gesundheitlich riskant ist. Dies ergaben die neuesten Umfragen zu diesem Thema. Etwa 15 Prozent der Männer und 7 Prozent der Frauen in Deutschland gaben an, täglich Alkohol zu trinken. Das ist zwar eine Verringerung in den letzten 30 Jahren, jedoch noch immer eine erschreckend hohe Zahl.

Alkohol wird manchmal als angstlösendes Mittel betrachtet, da er kurzfristig eine entspannende und sedierende Wirkung hat. Menschen mit Ängsten könnten so das Gefühl haben, dass Alkohol vorübergehend ihre Angstgefühle mildert.

Es ist jedoch wichtig zu beachten, dass Alkohol keine nachhaltige Lösung für Angststörungen oder andere psychische Gesundheitsprobleme darstellt. Tatsächlich führt Alkohol langfristig eher zu einer Verschlechterung von Ängsten. Obwohl Alkohol in den meisten Fällen vorübergehend die Angst mildert, kann er auch zu einer verstärkten Angstreaktion führen, sobald die Wirkung nachlässt. Dies wird als „Rebound-Effekt" bezeichnet und führt zu erhöhter Angst, Unruhe und Reizbarkeit.

Alkohol beeinträchtigt außerdem den Schlaf, indem er die Qualität des Schlafs verringert und zu nächtlichen Aufwachphasen führt. Ein gestörter Schlaf verstärkt wiederum Angstsymptome und beeinträchtigt die allgemeine Stimmung.

Auch auf die psychische Gesundheit kann er eine sehr negative Auswirkung haben. Alkohol ist bekannt dafür, dass er die Stimmung beeinflusst und zu depressiven Verstimmungen führen kann. Wenn jemand bereits unter Angstzuständen leidet, kann der Konsum von Alkohol die Symptome verschlimmern und die Wahrscheinlichkeit für depressive Episoden erhöhen.

Der regelmäßige oder übermäßige Konsum von Alkohol kann außerdem zu einer Abhängigkeit führen. Wenn jemand versucht, Ängste mit Alkohol zu bewältigen, besteht die Gefahr, dass er eine Abhängigkeit entwickelt, die langfristig noch schwerwiegender ist als die ursprünglichen Ängste.

Ebenfalls zu beachten ist, dass Menschen, die Medikamente zur Behandlung von Angststörungen einnehmen, besonders gefährdet beim Alkoholkonsum sind, da Alkohol die Wirkung dieser Medikamente beeinträchtigen kann. Es kann zu unerwünschten Nebenwirkungen oder sogar zu gefährlichen Wechselwirkungen kommen.

Das heißt nicht, dass du nie wieder Alkohol trinken sollst. Wenn du aber unter Ängsten leiden, solltest du ihn so gut wie möglich meiden und den Alkohol als Genussmittel für besondere Anlässe sehen und nicht als täglichen Stimmungsaufheller.

Übrigens:
In einer groß angelegten Studie mit Angstpatienten kam heraus, dass 43 Prozent der Teilnehmer Alkohol regelmäßig zur Angstlinderung einsetzen. Jedoch folgt dem kurzfristig angstlösenden Effekt durch den Alkohol langfristig eine angstverstärkende Wirkung. Es lohnt sich also definitiv nicht, den Alkohol in Selbstmedikation einzusetzen.

Panikattacken/Angstzuständen

Du hast dich sicher gefragt, wieso dieses Buch 40+10 und nicht 50 praktische Tipps gegen Ängste und Panikattacken heißt. Jetzt erfährst du es.

In diesen zusätzlichen zehn Tipps geht es speziell um Hilfe während einer Panikattacke. In diesen Extremsituationen, die zwei Prozent der Menschen im deutschsprachigen Raum wiederholt erleben, simuliert der Körper eine Fight-or-Flight-Reaktion. Er bereitet uns darauf vor, entweder um unser Überleben zu kämpfen oder zu flüchten. Es werden in Sekundenbruchteilen Adrenalin, Noradrenalin und Cortisol ausgeschüttet, der Herzschlag beschleunigt sich drastisch, die Atmung wird flacher, die Pupillen weiten sich und es wird Blut in die Extremitäten gepumpt. Kurz gesagt stellt der Körper so viel Energie wie möglich zur Verfügung, um uns so leistungsfähig wie möglich zu machen. In Gefahrensituationen kann dies über unser Überleben entscheiden und ist deshalb definitiv sinnvoll. Geschieht diese Reaktion jedoch ohne eine echte Gefahr, ist das eine andere Sache.

Oftmals sind Panikattacken begleitet von Depressionen und eine Reaktion des Körpers nach Jahren der Angst und Sorgen. Trainieren wir unser ängstliches Denken nur lange genug, verändern wir unser Gehirn und machen die Amygdala, die für die Angstreaktion in unserem Gehirn zuständig ist, so effektiv, dass der Körper uns diese Panikreaktionen von selbst schickt. Für die Betroffenen ist dies eine sehr traumatische Erfahrung und fühlt sich derart bedrohlich an, dass es den Bewegungsradius stark einschränkt und die Angst noch weiter verstärkt.

Ich empfehle denjenigen, die von Panikattacken betroffen sind oder sich über die Thematik informieren möchten, das Buch: Angststörungen und Panikattacken loswerden, von Klaus Bernhardt. Er nennt Panikattacken Liebes-Botschaften unseres Körpers, der uns wachrütteln will und uns dazu auffordert, weniger in Angst und Sorge zu denken. – Eine sehr schöne Analogie, wie ich finde.

Im Folgenden möchte ich auf Tipps eingehen, die dir bei einer akuten Panikattacke helfen können, nicht die Kontrolle zu verlieren und dich zu beruhigen. Ich selbst habe bereits fast alle Tipps, über die ich irgendwo gelesen habe, ausprobiert und diese zehn sind meine Favoriten.

Kälte

Es mag vielleicht merkwürdig klingen, aber es ist einer meiner absoluten Favoriten-Tipps. Wenn die Panik einen zu überwältigen droht, ist es extrem schwer, die Situation mit dem Verstand zu kontrollieren. Was man jedoch kontrollieren kann, ist das eigene Umfeld und Körpergefühl.

Kälte kann eine starke sensorische Erfahrung sein, die den Fokus von den Angstsymptomen ablenkt. Indem man sich auf die Kälte konzentriert, kann es helfen, die Aufmerksamkeit von der Panik wegzulenken und sich dadurch zu beruhigen. Während einer Panikattacke schlägt das Herz in der Regel schneller und unregelmäßiger. Sich der Kälte aussetzen wie beispielsweise das Benutzen eines Kühlpacks, kalte Luft auf der Haut oder das Waschen des Gesichts mit kaltem Wasser kann dazu beitragen, den Herzschlag zu verlangsamen und das Gefühl der körperlichen Unruhe zu verringern. Das Einwirken von Kälte auf den Körper beeinflusst auch physiologische Körperprozesse. Zum Beispiel verengt es die Blutgefäße, was zu einer verminderten Durchblutung und dadurch einer beruhigenden Wirkung führt. Dies trägt auch dazu bei, das Gefühl von Benommenheit oder Schwindel, das oft mit Panikattacken einhergeht, zu lindern.

Im Winter ist dies relativ einfach. Sollte Panik aufkommen, gehe einfach nach draußen in den Garten, auf den Balkon oder setze dich an die offene Türe. Bald kann man die klappernden Zähne und zittern- den Gliedmaßen auf die Kälte schieben, statt auf die Panik. Anstatt nach draußen zu gehen, hilft auch kal- tes Wasser oder ein Kühlpack.

Je umfassender die Kälte am Körper zu spüren ist, desto besser – zumindest meiner Erfahrung nach. Nach wenigen Minuten spürt man in der Regel die beruhigende Wirkung, das Sinken des Pulses und Blutdrucks und man kann wieder durchatmen.

Tipp: Probiere es nicht direkt mit extremer Kälte, starte langsam und taste dich an deine Grenzen. Vor allem nachts kann die Kälte verbunden mit der Dunkelheit meiner Erfahrung nach, eine sehr beru- higende Wirkung haben.

Wärme

Wärme wie zum Beispiel eine heiße Dusche kann bei Panikattacken ebenfalls helfen. Obwohl Kälte oft als wirksamere Methode zur Beruhigung empfohlen wird, kann auch Wärme eine beruhigende Wirkung haben. Sie kann das autonome Nervensystem beruhigen und den Parasympathikus aktivieren, der mit Entspannung und Ruhe verbunden ist. Dies kann dazu beitragen, die körperlichen Symptome von Angst, wie schneller Herzschlag und flache Atmung, zu mildern. Oft vermittelt Wärme ein Gefühl von Komfort und Geborgenheit, was sich positiv auf das emotionale Wohlbefinden auswirkt. Das Einwickeln in eine warme Decke oder das Entspannen in einem warmen Bad oder Dusche sind hier geeignete Möglichkeiten.

Wärme verbessert darüber hinaus die Durchblutung und erhöht den Blutfluss in den Extremitäten. Dies hilft dabei, das Gefühl von Kälte oder Taubheit, dass manche Menschen während einer Panikattacke empfinden, zu lindern. Wichtig zu beachten ist, dass nicht jeder Mensch gleich auf Wärme oder Kälte reagiert. Es ist daher ratsam, die verschiedenen Techniken zu testen, um zu sehen, was für dich am besten funktioniert.

Eine heiße Dusche beispielsweise hilft nachweislich dabei, Stresshormone abzubauen und fördert die

Entspannung. Nicht die schlechteste Möglichkeit in einer so stressigen Situation.

Tipp: Finde heraus, ob und welche Form von Wärme für dich funktioniert. Die richtige Temperatur gerade beim Duschen zu finden, ist dabei ebenfalls wichtig.

Tigerbalsam

Während einer Panikattacke geht es vor allem darum, das eigene Körperempfinden zu verändern, um neue Reize zu setzen, die von dem Gefühl der aufwallenden Angst ablenken. Ich habe selbst erfahren und von mehreren Betroffenen gehört und gelesen, die Tigerbalsam oder generell gesagt Wärmesalben nutzen, um einen Gegenpol zur Angst zu erzeugen.

Das Vorgehen ist dabei sehr simpel. Man nimmt eine kleine Fingerkuppe der Creme und trägt diese an einer beliebigen Stelle auf. Ich persönlich habe die Erfahrung gemacht, dass sich vor allem Bereiche unterhalb der Nase und im Nacken besonders gut eignen. Das leichte Brennen, gepaart mit dem Eukalyptus-geruch, lenkt vom Panikgefühl ab und ermöglicht es dem Betroffenen, sich auf dieses neu entstandene Gefühl zu fokussieren. Es hilft übrigens auch gut bei Erkältungen. Du kannst Tigerbalsam in fast jeder Apotheke oder bequem online kaufen.

Atemübungen

Es gibt verschiedene Atemübungen, die während einer Panikattacke helfen können. Oftmals atmen die Betroffenen zu schnell und flach, wodurch sie hyperventilieren, da zu viel Sauerstoff aufgenommen wird.

Ich werde dir im Folgenden einige Atemtechniken vorstellen, die bei Panikattacken am häufigsten eingesetzt werden.

1. Tiefes Bauchatmen: Setze dich in eine bequeme Position und lege eine Hand auf deinen Bauch. Atme langsam und tief durch die Nase ein und spüre, wie sich dein Bauch beim Einatmen ausdehnt. Atme dann langsam durch den Mund aus und spüre, wie sich dein Bauch wieder zusammenzieht. Konzentriere dich auf den Rhythmus deiner Atmung und versuche, sie ruhig und gleichmäßig zu gestalten.

2. 4-7-8-Atemtechnik: Atme durch die Nase ein und zähle in deinem Kopf bis vier. Halte den Atem für sieben Sekunden an und atme dann langsam durch den Mund aus, während du bis acht zählst. Wiederhole diese Abfolge mehrmals, bis du dich beruhigst.

3. Ausatmen länger als Einatmen: Atme langsam und tief durch die Nase ein, zähle dabei bis vier. Atme dann durch den Mund aus und zähle bis sechs

oder sogar acht. Konzentriere dich darauf, die Aus-
atmung zu verlängern und spüre, wie sich der Körper mit jedem Ausatmen entspannt.

4. Nadi Shodhana (Wechselatmung): Bedecke ab-
wechselnd ein Nasenloch mit dem Daumen und
atme langsam durch das andere Nasenloch ein. Halte
den Atem kurz an und wechsele dann das Nasenloch, indem du den Daumen abnimmst und das andere Nasenloch mit dem Ringfinger bedeckst, während du langsam ausatmest.

Probiere aus, welche der Techniken sich für dich gut
anfühlen. Es kann am Anfang ungewohnt sein und
einige Zeit brauchen, bis man sich wirklich voll auf
das Atmen fokussieren kann. Gib dem Ganzen also
etwas Zeit, auch wenn es sich anfangs wenig hilf
reich anfühlt.

Annehmen

Die meisten Menschen, die unter Panikattacken leiden, wollen diesen Tipp zunächst überhaupt nicht hören und suchen nach externen Hilfsmitteln – und das ist auch völlig in Ordnung und normal. Doch dieser Tipp ist, wenn man ihn meistert, sehr effektiv. Es geht darum, das Gefühl der Angst und Panik anzunehmen. Es ist nicht ohne Grund in das eigene Leben gekommen und wir sollten uns vor der Botschaft, die es übermittelt, nicht verschließen. Viele der Menschen sind – so hart es auch war, rückblickend dankbar für die Erfahrung, die sie gemacht haben. Ich bin es definitiv.

Die Panikattacken machen deutlich, dass eine Veränderung des Lebensstils, Jobs, der Beziehung oder des Denkens notwendig ist, um ein glückliches, gesundes und erfülltes Leben zu führen. Die meisten Menschen, die eine nachhaltige Veränderung in ihrem Leben geschaffen haben, sind ihre Panikattacken losgeworden und leben danach deutlich bewusster, dankbarer und glücklicher als zuvor. Während einer Panikattacke ist dies natürlich extrem schwer zu sehen und sehr weit entfernt. Deshalb ist mein Tipp an dieser Stelle folgender: Nimm das Gefühl der Panik an, bekämpfe es nicht. Lasse es wie eine Welle über dich hinwegrollen. Letztendlich verebbt auch diese am Strand. Rede dir gut zu und mache dir bewusst, dass dieser Zustand wie alles

andere auch vergeht. So schlimm es sich auch anfühlt, du bist immer noch da und es wird dir besser
gehen. Wenn du dir dies bewusst machst, wird es ein
wenig einfacher, das bedrohliche Angstgefühl zu
überstehen. Dieser Tipp richtet sich eher an Menschen, die schon etwas Erfahrung mit Panikattacken
haben.

Kohlenhydrate

In einer akuten Panikattacke kann der moderate Konsum von Kohlenhydraten ein wenig Linderung verschaffen. Wenn wir Kohlenhydrate essen, werden sie im Verdauungssystem in Glukose umgewandelt. Glukose ist der Hauptenergielieferant für den Körper und wird benötigt, um die Zellen mit Energie zu versorgen. Wenn der Blutzuckerspiegel ansteigt, werden Insulinhormone aus der Bauchspeicheldrüse freigesetzt, um die Glukose aus dem Blut in die Zellen zu transportieren.

Der Anstieg des Blutzuckerspiegels nach dem Verzehr von Kohlenhydraten kann zu einer erhöhten Produktion von Serotonin führen. Serotonin ist ein Neurotransmitter, der an der Regulation der Stimmung beteiligt ist und oft als „Wohlfühlhormon" bezeichnet wird. Eine erhöhte Serotoninproduktion kann vorübergehend ein Gefühl der Entspannung auslösen. Es ist eigentlich recht simpel. Normalerweise essen wir in Gefahrensituationen nicht. Geben wir dem Körper Nahrung, ist dies gleichzeitig ein Entwarnungs-signal. Am besten geeignet sind meiner Meinung nach Nahrungsmittel, die kurzkettige Kohlenhydrate enthalten, wodurch die Glukose möglichst schnell in den Blutkreislauf gelangt. Müsliriegel, Bananen oder andere Früchte jeglicher Art, Honig oder Schokolade sind meine bevorzugten Nahrungsmittel in diesen Situationen.

Iss aber nicht zu viel. Bereits eine kleinere Menge dieser Leckereien reichen aus, um das erwünschte Resultat zu erzielen. Ansonsten wird dir am Ende nur schlecht.

Energie verbrauchen

Bei einer Panikattacke stellt der Körper, wie schon beschrieben, so viel Energie wie möglich zur Verfügung, um für den Kampf oder die Flucht gewappnet zu sein. Deshalb fangen wir an, während einer Panikattacke oder einer anderen bedrohlichen Situation zu zittern. Die Energie wird von uns nicht in Form von körperlicher Aktivität verbraucht und muss deshalb irgendwie abgebaut werden. Dies geschieht in Form von unwillkürlichen Muskelkontraktionen. Es ist also, obwohl es sich beunruhigend anfühlt, nicht schlimm oder bedrohlich, sondern ein ganz normaler Prozess. Du kannst dennoch etwas dagegen tun: nämlich diese Energie verbrauchen.

Egal ob du läufst, springst, rennst, tanzt, Liegestütze machst oder sonst eine Form von Aktivität, verbrauchst du die bereitgestellte, angestaute Energie und das beklemmende Gefühl verringert sich. Es lenkt darüber hinaus den Fokus auf die körperliche Aktivität und weg von der Angst. Es ist zugegebenermaßen nicht ganz einfach und nicht in allen Situationen ohne weiteres möglich, aber definitiv einen Versuch wert!

Stopptechniken

In Anlehnung an das Werk von Klaus Bernhardt *Wie die Hirnforschung hilft, Angst und Panik für immer zu besiegen* möchte ich auf Stopptechniken eingehen, die dabei helfen können, Panikattacken zu bewältigen und die sich im Kreis drehenden Gedanken zu beruhigen. Das generelle Problem bei Panikattacken ist, dass ein ängstlicher Gedanke den Prozess auslöst und von vielen weiteren panischen Gedanken gefolgt wird. Diese negative Spirale an Gedanken löst die Panikattacke aus. Es ist daher wichtig, den Gedankenfluss zu unterbrechen.

Mit der Kreiselmethode kann dies gelingen. Sie funktioniert wie folgt:
Versuche zunächst herauszufinden, in welche Richtung sich deine Gedanken drehen. Schließe dazu die Augen und spüre, wenn du dir deinen Kopf als Kreisel oder Karussell vorstellst, in welche Richtung er sich beim Denken dreht. Wenn du dies herausgefunden hast, stelle dir vor, wie du den Kreisel in die entgegengesetzte Richtung drehst. Dadurch werden die Gedanken verlangsamt und die Negativspirale unterbrochen. Es bedarf einiger Übung, aber es ist eine sehr effektive Methode, die verhindert, dass unsere negativen Gedanken die Kontrolle übernehmen und die nächste Panikattacke auslösen.
Eine weitere Möglichkeit, gerade bei Menschen, die das Gefühl haben, eine Enge in der Brust zu spüren

und nicht mehr genug Luft kriegen, ist die Visuali-sierung. Bei einer Panikattacke krampf sich bei vie-len Menschen die Brust zusammen und die Atmung wird flacher und schneller. Dies produziert weitere Stresshormone und macht das Ganze nur noch schlimmer.

Hier setzt der Visualisierungsansatz an:
Stelle dir vor, wenn du das Gefühl hast, schlecht at-men zu können, deine Lunge wäre durch ein metal-lisches Gestell gestützt, das dir hilft, mehr Luft zu kriegen und besser atmen zu können. Es stellt sicher, dass deine Lunge weit geöffnet ist und du genug Sauerstoff kriegst. Zwinge dich dazu, ruhig zu at-men und visualisiere dieses Bild immer wieder. Die-sen Tipp kannst du auf jede Art von körperlicher Empfindung übertragen. Es bedarf aber auch hier ei-niger Übung, um darin gut zu werden.

Mit Menschen sprechen

Für viele Menschen, die unter Panikattacken leiden, ist es besonders bedrohlich diese Situationen, in denen man sich so hilflos fühlt, allein durchleben zu müssen. Es kann deshalb helfen, im Falle einer Panikattacke einen vertrauten Menschen anzurufen, oder mit Menschen zu sprechen, die in der Nähe sind. Man fühlt sich so nicht nur nicht mehr allein, sondern wird auch vom Gefühl der Angst abgelenkt.

Wichtig dabei ist, sich so gut wie möglich auf das Gespräch und den Gesprächspartner zu konzentrieren. Freunden und Familienmitgliedern sollte man gegebenenfalls von der Panik erzählen, so können diese Menschen noch besser auf die eigenen Bedürfnisse eingehen und dabei helfen, beruhigenden Beistand zu leisten. Bei fremden Menschen hilft es oft schon, auch wenn sie nichts von der Angst/ Panik wissen, in ein Gespräch verwickelt zu sein. Probiere es aus und scheue dich nicht. Du wirst merken, wie sehr es hilft, zu sprechen, anstatt nur im eigenen Kopf mit der Angst gefangen zu sein. Der Gesprächsinhalt spielt hier keine wirkliche Rolle. Es ist jedoch von Vorteil, wenn dich das Thema, um das es geht, interessiert, sodass du dich leichter darauf konzentrieren kannst.

Musik

Musik kann eine Ablenkung von den Symptomen einer Panikattacke bieten. Indem man sich auf die Musik konzentriert, verschiebt man seine Aufmerksamkeit weg von den angstauslösenden Gedanken und den körperlichen Empfindungen, die mit der Panikattacke verbunden sind. Dies kann dabei helfen, den Teufelskreis der Angst zu durchbrechen und eine gewisse Erleichterung zu bringen.

Vor allem vertraute Musik, die positive Erinnerungen hervorruft oder dich an beruhigende Situationen erinnert, kann ein Gefühl der Geborgenheit und Sicherheit vermitteln. Dies hilft dabei, das Gefühl von Kontrolle zu stärken und das Vertrauen in die eigene Fähigkeit, die Panikattacke zu bewältigen, zu stärken.

Für mich persönlich ist der Aspekt der Vertrautheit dabei sehr wichtig. Vor allem Lieder, die ich bereits Hunderte Male gehört habe, helfen nach meiner Erfahrung dabei, ein besseres Gefühl zu erzeugen. Während meiner schlimmsten Panikattacke auf einem Rückflug von Tokio nach Amsterdam habe ich acht Stunden lang das gleiche Lied gehört und es war die beste Hilfe, die ich mir hätte vorstellen können.

Probiere für dich selbst aus, welche Art von Musik dir hilft. Für viele Menschen sind es langsame, emotionale Lieder oder Instrumentalmusik. Die Worte mitzusingen oder zu tanzen kann auch eine sehr gute Methode sein, um das Gefühl der Panik niederzukämpfen.

Schlusswort

Ich hoffe, die vorgestellten Tipps können dir und den Menschen in deinem Leben, die unter Ängsten leiden, weiterhelfen. Mir persönlich haben viele davon das Leben deutlich erleichtert und mir ein Leben zurückgebracht, das nicht von Angst und Panikattacken bestimmt ist.

Probiere es aus und finde heraus, was für dich persönlich funktioniert. So unterschiedlich die Ängste der Menschen sind, so verschieden sind auch die Strategien, die dagegen helfen. Ich ermutige dich nicht nur zum Experimentieren, sondern auch zur Geduld. Gut Ding will Weile haben und es ist noch kein Experte vom Himmel gefallen. Gib dir Zeit und sei nicht zu hart mit dir. Jeder Schritt in Richtung Leichtigkeit ist ein guter Schritt, so klein er auch sein mag.

Zeitfracht Medien GmbH
Ferdinand-Jühlke-Straße 7
99095 Erfurt, Deutschland
produktsicherheit@kolibri360.de